广告策划与创意

主编 周祺芬 龙庆华

上海交通大學出版社
SHANGHAI JIAO TONG UNIVERSITY PRESS

内容提要

《广告策划与创意》围绕视觉传达设计专业展开，侧重于教会学生进行策划与设计，倡导专业教学与项目实践紧密结合，润物细无声地融入素质教育元素与爱国情感，革新课程内容，优化课程体系结构。本书融汇了作者多年来对广告策划与创意教育研究探索的心得及设计实践的经验。全书分为三个模块。模块一从广告的基础理论、广告策划的基础理论、广告创意的基础理论介绍了理论与基础知识；模块二是项目阶段实训，从广告调研与分析、广告战略策划、广告要素表达、广告创意、广告文案设计、广告策划书设计、广告媒介策划等多种角度探索新知，并结合项目实训进行训练与操作；模块三是广告设计大赛及获奖作品展示。

图书在版编目（CIP）数据

广告策划与创意 / 周祺芬，龙庆华主编 . — 上海：上海交通大学出版社，2023.12

ISBN 978-7-313-29835-5

Ⅰ. ①广… Ⅱ. ①周… ②龙… Ⅲ. ①广告学 Ⅳ. ① F713.81

中国国家版本馆 CIP 数据核字（2023）第 215776 号

广告策划与创意
GUANGGAO CEHUA YU CHUANGYI

主　　编：周祺芬　龙庆华
地　　址：上海市番禺路 951 号
出版发行：上海交通大学出版社
电　　话：021-6407 1208
邮政编码：200030
印　　制：北京荣玉印刷有限公司
经　　销：全国新华书店
开　　本：889 mm × 1194 mm　1/16
印　　张：11.5
字　　数：309 千字
版　　次：2023 年 12 月第 1 版
印　　次：2023 年 12 月第 1 次印刷
书　　号：ISBN 978-7-313-29835-5
定　　价：65.00 元

前　言

广告策划与创意属于广告的分支，是广告活动中的重要组成部分，它既能够体现设计领域中审美、实用的特质，又能承担信息传播的独特使命。在新媒体发展的背景下，广告实践越来越需要新理论、新思想、新观点的支撑，广告界、企业界最新的策划与创意值得关注。如何在策划与创意项目的基础上，梳理和重建教学理论，提高阅读黏度，是本书重点关注的内容。本书以党的二十大报告中“培育造就大批德艺双馨的文学艺术家和规模宏大的文化文艺人才队伍”为指导，结合行业一线信息，更新理论体系，将行业运作的最新模式带入课堂，使课堂教学更具时代性，更加符合中国式现代化需求，遵循现代化的一般规律，具有鲜明的中国文化特色。

本书由铜仁学院艺术学院周祺芬、龙庆华撰写，其中模块一由龙庆华撰写，模块二、模块三由周祺芬撰写。本书通过模块式教学，选择作者、学生的优秀项目和参赛作品展开广告设计与制作，以“以赛促学”“以赛促教”的实践性教学模式开展教学。本书共有三个模块，以任务的形式展开设计教学内容，将基础理论知识融会贯穿于相应的项目实训过程中，通过展示优秀的广告设计实例，锻炼学生的理性分析和表达能力，使学生全面掌握广告策划与创意的过程，激发学生创造性思维，并为设计实践的应用打下良好的基础。

本书从设计实践的角度出发，在注重理论与应用相结合、引介最新的应用领域的基础上，侧重于结合实例探讨广告策划与创意在市场领域的应用，力求让读者既能获得基本理论知识和方法，又能撰写出优秀的调研报告、策略单、策划文案、策划书等。本书适用于视觉传达设计相关专业学生及视觉传达设计爱好者，有助于在设计实践中激发读者的创造力，培养读者的创新意识和动手实践能力。

感谢铜仁学院艺术学院视觉传达设计专业学生提供了精美的设计案例和广告设计获奖作品，为本书注入了全新的生命力。目前，广告策划与创意正处于不断发展变化中，书中存在的疏漏之处，欢迎广大读者和专家学者批评指正。

此外，本书作者还为广大一线教师提供了服务于本书的教学资源库，有需要者可致电 13810412048 或发邮件至 2393867076@qq.com。

周祺芬

2023 年 4 月

学时安排

项目	任务	学时分配	
模块一 理论与基础	任务一　广告的基础理论	1	3
	任务二　广告策划的基础理论	1	
	任务三　广告创意的基础理论	1	
模块二 项目阶段实训	任务一　广告调研与分析	4	28
	任务二　广告战略策划	4	
	任务三　广告要素表达	4	
	任务四　广告创意	4	
	任务五　广告文案设计	4	
	任务六　广告策划书设计	4	
	任务七　广告媒介策划	4	
模块三 广告设计大赛及获奖作品展示	任务一　广告的赛事	1	5
	任务二　“999 感冒灵”广告设计	1	
	任务三　“娃哈哈”广告设计	1	
	任务四　“爱华仕箱包”广告设计	1	
	任务五　“100 年润发”广告设计	1	

目　录

模块一 理论与基础

任务一　广告的基础理论 ………………… 002

一、广告的概念………………………………… 002
二、中国广告的发展历史……………………… 002
（一）中国古代广告发展 …………… 002
（二）中国近现代广告发展 ………… 004
三、广告的类型………………………………… 004
（一）按照传播媒介划分 …………… 004
（二）按照辐射范围划分 …………… 004
（三）按照广告对象划分 …………… 004
（四）按照广告内容划分 …………… 005
四、广告表现的元素…………………………… 005
（一）广告“度”的表现 …………… 006
（二）广告的印象表现 ……………… 006
（三）广告的社会性表现 …………… 008
五、广告的研究角度…………………………… 008
（一）社会学 ………………………… 009
（二）心理学 ………………………… 009
（三）设计学 ………………………… 009
（四）统计学 ………………………… 009
（五）信息学 ………………………… 009
（六）市场学 ………………………… 009

任务二　广告策划的基础理论 …………… 010

一、广告策划的概念…………………………… 010
二、广告策划的基本原则……………………… 010
（一）真实性原则 …………………… 010
（二）信息量原则 …………………… 010
（三）针对性原则 …………………… 010
三、广告策划的内容…………………………… 011
（一）广告的市场调研 ……………… 011
（二）产品的定位 …………………… 011
（三）广告战略 ……………………… 011
（四）广告效果的评定 ……………… 011
四、广告策划的程序…………………………… 011
（一）成立策划小组 ………………… 011
（二）策划工作的具体实施 ………… 011
（三）撰写广告策划报告 …………… 011

任务三　广告创意的基础理论 ………… 012

一、广告创意的概述…………………………… 012
二、广告创意的特征…………………………… 012
（一）广告创意的抽象性 …………… 012
（二）广告创意的受制约性 ………… 015
（三）广告创意的灵活性 …………… 015

模块二 项目阶段实训

任务一　广告调研与分析………………… 020

一、课程要求…………………………………… 020
二、探索新知…………………………………… 020
（一）广告市场调研的内容 ………… 020
（二）广告市场调研的形式 ………… 020
（三）广告市场调研的具体项目 …… 021
（四）广告市场调研的方法 ………… 022
（五）广告市场调研报告的撰写 …… 023
三、项目实训…………………………………… 024
项目实训一：
“贵茶集团・抹茶”产品调研报告 … 024
项目实训二：
“松桃珍珠花生米”广告市场
调研报告 ……………………………… 031
项目实训三：
“沿河沙子空心李”广告市场
调研报告 ……………………………… 034

实训活动：撰写广告市场调研报告 044

任务二 广告战略策划 046

一、课程要求 046
二、探索新知 046
（一）广告战略策划的概念 046
（二）广告战略策划的主要内容 046
（三）广告战略策划的特征 047
（四）广告战略策划的指导思想 047
（五）广告策略单的设计 048
三、项目实训 053
项目实训一：
“娃哈哈”广告策略单设计 053
项目实训二：
“Canva 可画”广告策略单设计 056
项目实训三：
“贵茶集团·抹茶”广告策略单设计 058
实训活动：广告策略单设计 060

任务三 广告要素表达 061

一、课程要求 061
二、探索新知 061
（一）文字要素表达 061
（二）图形要素表达 069
（三）色彩要素表达 074
三、项目实训 078
项目实训一：
“喜临门”广告要素表达 078
项目实训二：
“芭莎女孩喝纤茶”广告要素表达 078
项目实训三：
“美颜相机”广告要素表达 080
实训活动：
广告文字、图形、色彩要素的表达 080

任务四 广告创意 082

一、课程要求 082
二、探索新知 082
（一）广告创意的选取角度 082
（二）广告创意的过程 083
（三）广告创意的表现手法 083
（四）广告创意的思维方式 098
三、项目实训 099
项目实训一：
“云南白药养元青”广告创意设计 099
项目实训二：
“困牛山”广告创意设计 100
项目实训三：
“全国大学生广告艺术大赛”
广告创意设计 101
实训活动：
广告创意设计与精细化制作 103

任务五 广告文案设计 104

一、课程要求 104
二、探索新知 104
（一）广告文案的写作特征 104
（二）广告文案的写作程序 105
（三）广告文案的写作要求 105
三、项目实训 112
项目实训一：
“乌龙锌硒”广告文案设计 112
项目实训二：
“湄潭翠芽”广告文案设计 113
项目实训三：
“贵州天刺力”广告文案设计 114
实训活动：广告策划文案的撰写 116

任务六 广告策划书设计 117

一、课程要求 117
二、探索新知 117
（一）广告策划书的基本结构 117
（二）广告策划书的写作程序 118
（三）广告策划书的创意 118
（四）广告策划书的撰写要点 119
三、项目实训 120
（一）市场分析 120
（二）市场和广告策略决策 128
（三）广告表现策略 130

（四）广告媒介策略 …………………… 131
（五）广告预算分配策略 …………… 131
（六）总结 ……………………………… 132
实训活动：撰写广告策划书 ……… 136

任务七　广告媒介策划……………………… 138

一、课程要求………………………………… 138
二、探索新知………………………………… 138
（一）广告媒体的种类及特征 ……… 138
（二）新媒体广告设计 ……………… 146
（三）广告媒体策划的流程与选择 … 147
三、项目实训………………………………… 150
项目实训一：
“爱华仕箱包”广告媒体设计 ……… 150
项目实训二：
“HBN”广告媒体设计……………… 154
实训活动：广告媒体的选择 ……… 155

模块三

广告设计大赛及获奖作品展示

任务一　广告的赛事……………………… 158

一、靳埭强设计奖………………………… 158
二、全国大学生广告艺术大赛…………… 160
三、中国大学生广告艺术节学院奖……… 161

任务二　“999 感冒灵”广告设计 ……… 163

任务三　“娃哈哈”广告设计 …………… 166

任务四　“爱华仕箱包”广告设计 ……… 170

任务五　“100 年润发”广告设计 ……… 172

参考文献 ………………175

模块一 理论与基础

■ 目标导航

知识目标：（1）了解广告的概念、中国广告的发展历史、广告的类型、广告表现的元素、广告的研究角度等基础理论知识。

（2）掌握广告策划的概念、广告策划的基本原则、策划的内容、策划的程序等相关知识。

（3）掌握广告创意的概念、特征等基础理论知识。

能力目标：（1）通过学习广告、广告策划、广告创意的基础理论知识，了解三者之间的关系，并根据理论指导进行项目实践设计。

（2）掌握广告、广告策划、广告创意的要点、表现方法和技能。

（3）提升广告的文案策划能力和创意表现能力。

素质目标：（1）培育民族文化认同感，提升文化自信。

（2）弘扬中华优秀传统文化和时代精神，树立正确的价值观，传播正能量，产出有价值的广告文案及广告创意作品。

■ 模块概述

广告不仅是商品信息传播和促销的工具，还是一种文化形态，是新时代文化传播的重要载体之一。新时代下广告在表现、宣传内容、技术手段等方面迅速变革，对人们的意识形态、生活方式也产生着直接影响。视觉传达设计专业的学生既是广告信息的接收者，又是广告作品的创作者，在进入职场前必须树立弘扬中华优秀传统文化的职业理想，以弘扬时代精神为己任，坚定社会主义文化自信，树立正确的价值观，这样才能创作出与中国特色社会主义同向同行的广告设计文案和广告设计作品，进而促进整个社会正能量的汇集和传播。

任务一 广告的基础理论

一、广告的概念

“广告”（advertisement）一词源于拉丁文 advertere，具有注意、诱导、传播的含义，约出现在公元 1300 至 1475 年的中古英语时代，其词形与含义逐渐发生了衍变，由 advertere 转变为 advertise，其意为“使某人注意到某件事情”，或者“通知某人某件事以引起关注”。17 世纪末，随着英国大规模商业活动的推进，“广告”一词开始广泛应用，系列广告活动出现，advertise 也被赋予现代意义而转变成 advertisement。

广告可以理解为“广而告之”，广告的概念有着不同的记载和解释。《辞海》认为：“广告是向公众介绍商品，报道服务内容或者文娱节目等的一种宣传方式，一般通过报刊、电台、电视台、招贴、电影、幻灯、橱窗布置、商品陈列等形式来进行。”国际广告协会提道：“广告是由特定的赞助者，以付费及非个人化的方式，公开介绍提供的生产、服务或主张。”当代广告学中对广告定义为：“广告是由可识别的出资人通过各种媒介进行的有关产品（商品、服务或观念）的，有偿的、有组织的、综合的、劝服性的非人员的信息传播活动。”《中华人民共和国广告法》中规定：“商品经营者或者服务提供者通过一定媒介和形式直接或者间接地介绍自己推销的商品或者服务的商业广告活动。”

对广告的概念表述不尽相同，但其内涵相近，都传达了广告的基本特质：广告是一种信息传播活动，通过媒体传播给受众群体；广告是一种付费的传播方式，广告信息发布者向媒体支付广告费用，其中包括制作费用、购买时间和版面费用等；广告的传播活动并不是简单的信息发布，而是有计划、有目的的传播行为；广告传播活动的最终目的是通过影响受众群体、推销商品和劳务输出等，获得最大的经济效益。

二、中国广告的发展历史

（一）中国古代广告发展

《易经·系辞下》中说：“列廛于国，日中为市，致天下之民，聚天下之货，交易而退，各得其所。”可见，在远古时期已经存在商业集市，展示物品和叫卖的广告形式也随着商业集市的盛行而广为流传。

封建社会时期有着“士农工商”之说，商人的身份地位低下，社会发展主要依靠农业生产和自产自销，商业沟通较少，这使得广告发展十分缓慢。《楚辞》中提及：“师望在肆，鼓刀扬声”，这是说姜太公开茶楼时为招揽客人大声叫卖，这也是现今能证明的最早的广告形式。

春秋战国时期，商人阶层逐步分化，分为行商和坐贾两种形式。行商是走村串寨并沿途进行买卖的商人；坐贾是指具有一定场所、招徕他人进行买卖的商人。《庄子》中有“桂鱼之肆”“屠羊之肆”之说，这正是坐贾的佐证。东汉班固组织编撰的经学著述《白虎通》中对行商和坐贾也进行了明显的区分："商之为言章也，章其远近，度其有亡，通四方之物，故谓之为商也。贾之为言固也，固其有用之物，待以民来，以求其利者也。故通物曰商，居卖曰贾。"人们将陈列于市的商品悬挂在货摊上，并且在商品陈列的基础上，进一步演变出来挂招牌和幌子等广告形式。

隋朝时期，商业发展迅速，商品交换集市开始形成一定的规模，并且涉及范围广泛。《史书》中记载隋炀帝："天下之舟船，集于通济桥东，常有万余艘，填满河路。商贾贸易车马，填塞于市。诸善酋长入朝者，常请于东市交易，炀帝许之，先命整顿市肆。檐宇如一，咸设纬帐，珍货充集，人物货盛。卖菜者，籍以龙须席，胡客或过酒食店，悉令邀延就座，醉饱而散，不取其直。"

唐朝时期，我国的封建社会发展达到鼎盛时期，农业上推行的均田法和租庸调法使经济得到快速的发展，商业也日趋繁盛。唐朝的商业活动存在多种广告形式，主要包括口头叫卖、招牌广告、实物展销等。

唐朝人的笔记中曾载有"其时卖饧之人，吹箫以自表也"，诗人元稹的《估客乐》中有"经游天下遍，却到长安城，城中东西市，闻客次第迎。迎客兼说客，多财为势倾"的诗句，生动地描写了唐朝时期口头叫卖的广告内容。随着市场交易的不断成熟，唐朝政府规定在交易中必须挂牌经营，因此，唐朝时期的招牌广告也较为普及。

唐朝还出现了实物展销的广告形式，这使得商业呈现一派繁荣的景象。《旧唐书·韦坚传》中记载，在天宝年间，韦坚将由渭水通往长安的漕舟集中于宫苑墙外，供皇帝御览所载各地货物，其时"坚预于东京、汴、宋取小斛底船三二百只置于潭侧，其船皆署牌表之，若广陵郡船，即于栿背上堆积广陵所出绵、镜、铜器、海味；丹阳郡船，京口绫衫缎；晋陵郡船，即折造端绫绣；会稽郡船，即铜器、罗、吴绫、绛纱；南海郡船，即玳瑁、珍珠、象牙、沉香；豫章郡船，即名瓷、酒器、茶釜、茶铛、茶碗；宣城郡船，即空青石、纸、笔、黄连；始安郡船，即蕉葛、蚺蛇胆、翡翠。"从唐代杜牧的"千里莺啼绿映红，水村山郭酒旗风"这一诗句中可见，在当时店铺已经将挂旗帜作为广告的一种形式。

宋朝时期，商业发展迅速，改革了自古以来的市坊制度，取消了"日中为市"的限制，商品交换的时间和地域不再受官方限制，商业活动更加自由。北宋时期的济南刘家功夫针铺传单广告（见图 1-1-1），是山东济南专造功夫细针的刘家针铺设计与制造的一枚印刷了"白兔牌"的铜版广告，其涵盖了店名、产品的商标、广告语、服务保证等广告基本要素，现存于中国国家博物馆，是目前中国乃至世界出现最早、保存较完整的招贴广告。刘家针铺以白兔作为商品标志，上方阴文横刻"济南刘家功夫针铺"店号，中间阳刻白兔图形，两侧竖刻阳文"认门前白兔儿为记"，下方文字为"收买上等钢条，造功夫细针，不误工民使用，转卖兴贩，别有加饶，请记白"。

图 1-1-1　济南刘家功夫针铺传单广告

宋代《东京梦华录》记汴梁城"卖花者以马头竹蓝铺排，歌叫之声，清奇可听"，这是利用歌声吸引顾客前来购买商品；宋代罗愿作词"君不见菊潭之水饮可仙，酒旗五星空在天"，可见在酒旗上布满了广告图案。

元明两朝广告形式得到进一步发展。元代出现了铜版铸造印术，商贩将广告印制在书籍的封面上。明代书籍印刷和出版技术较为成熟，商人通过改善书籍的形式来吸引受众，其在书籍的封面、首尾部分刊登书籍广告，主要介绍书籍的内容、书坊的基本情况及受众的阅读体验等信息。

弘治年间，《李妙全相西厢记》一书的封底刊登了金台岳家书铺的广告："本坊谨依经书重写绘图，参订编次大字魁本，唱与图合。使寓于客邸，行于舟中，闲游坐客，得此一览始终，歌唱了然，爽人心意"，这则广告从心理状态出发，刻画了阅读带给受众的精神享受。

清朝时期，"广告"一词被正式引入中国，清朝在继承元明时期印刷广告的基础上，发展了木刻年画。许多商业广告以年画的形式呈现，因题材广泛、色彩艳丽，在民间广为流传。

（二）中国近现代广告发展

19 世纪末，印刷技术发展迅速，杂志广告、报纸广告、户外广告等新型平面媒体相继而出，印刷广告越来越多样化。

20 世纪，随着科技不断进步，工业经济和商品经济高速发展，广播、电影、电视、卫星通信等发明创造为广告所用，广告进入了现代化的电子技术时代。现代广告实现了飞跃式的发展，广告形式更加丰富多样，出现报纸广告、杂志广告、广播广告、电视广告等多种新型广告形式，广告行业开始走向成熟，1978 年以后，随着经济的发展、竞争机制的引入以及企业的转轨，广告业快速发展。政府部门制定了严格且实用的法律法规，对广告主的广告行为、广告的内容和性质、媒介的广告发布进行监管，加强了对广告业的管理，加大了对消费者权益的保护，规定了广告业的发展方向。广告公司的数量和规模不断扩大，成立了行业组织，同时接受其他社会组织、消费者联合组织的监督和管理。以上措施规范了广告行业的行为，保证了广告产业的健康发展。

21 世纪，随着网络技术的迅速发展和普及，我国经济活动方式和贸易方式发生了翻天覆地的变化，广告产业的交易方式和传播活动方式也发生了明显的改变。网络广告媒体迅速兴起，传统的纸质媒体和电波媒体大力推进信息技术和数字化技术的运用，这使得广告传播的内容更为丰富，广告形式更为多样化，广告更为重视人性化和个性化的发展，强调要彰显其专业特性，以传达走向沟通、互动的理念，形成网络化传播。互联网不仅改革了广告媒体，而且促进了全新的消费观念的形成。将虚拟转变为现实的购物方式，加快了商品在市场上的流通速度，节省了消费者的购物时间。

三、广告的类型

广告分类是为了适应广告策划的需要而存在的，合理的广告分类能够为广告策划提供设计基础，也能为广告设计和制作提供依据。按照广告的目的与要求，可将广告分为不同类型，目前，较为普遍的广告分类主要有以下四种形式。

（一）按照传播媒介划分

按照广告的传播媒介，可以将广告分为传媒广告、空间广告等。

（二）按照辐射范围划分

按照广告的辐射范围，可以将广告分为全球广告、全国广告、地区广告等。

（三）按照广告对象划分

按照广告传播的对象，可以将广告分为消费者广告、专业广告等。

（四）按照广告内容划分

按照广告的内容，可以将广告分为商业广告、公益广告、文化广告、企业广告等。

广告以媒介为载体进行有目的的传播活动，广告的分类属于一种外在形式的界定，广告的传播媒介、辐射范围、广告对象、广告内容的不同对广告的原理和性质不会产生较大的影响。当前，新媒体的涌现扩大了广告的生存空间，促进了广告的创新与发展。由于媒体传播形式的多样化，广告涉及的范围被进一步扩大，广告的分类趋向于多元化和综合化（见表 1-1-1）。

表 1-1-1　广告分类

<table>
<tr><th>划分方式</th><th>广告形式</th><th>内容</th></tr>
<tr><td rowspan="6">按照传播媒介划分</td><td rowspan="2">传媒广告</td><td>电波广告（电视广告、电台广告、网络广告）</td></tr>
<tr><td>印刷广告（报纸广告、杂志广告、DM 广告）</td></tr>
<tr><td rowspan="4">空间广告</td><td>户外广告（路牌广告、灯箱广告）</td></tr>
<tr><td>室内广告（展览会广告、橱窗广告、展示台广告、陈列广告）</td></tr>
<tr><td>空中广告（气球广告、飞艇广告、喷彩广告）</td></tr>
<tr><td>促销广告（POP 广告、现场活动广告）</td></tr>
<tr><td rowspan="3">按照辐射范围划分</td><td>全球广告</td><td>针对具有国际影响力的企业，营销战略制定的广告以企业形象广告、品牌广告为主</td></tr>
<tr><td>全国广告</td><td>针对全国范围的广告，以企业形象广告、品牌广告、新品上市为主</td></tr>
<tr><td>地区广告</td><td>针对特定地区的广告，以目标性的商品广告为主，适用于中小型企业</td></tr>
<tr><td rowspan="2">按照广告对象划分</td><td>消费者广告</td><td>针对大众消费群体的广告，如食品广告、服装广告等</td></tr>
<tr><td>专业广告</td><td>针对专业人士或行业的广告，如医院的医疗器械广告、批发商的流通广告等</td></tr>
<tr><td rowspan="3">按照广告内容划分</td><td>商业广告</td><td>以商业的形式传达商品信息的广告</td></tr>
<tr><td>公益广告</td><td>以公益的形式传达公共利益的广告</td></tr>
<tr><td>企业广告</td><td>传达企业形象内容或者服务内容的广告</td></tr>
</table>

四、广告表现的元素

现代社会科学技术、信息化技术飞速发展，商品或者服务里凝聚了广告的功能和内容，但无论选择何种富有创意的广告表现形式，都无法立即将商品的内在信息、服务信息传达给消费群体。我们应该掌握广告表现的实质与重点、规律与方法，找出广告表现的基本元素，从而让广告达到传播产品信息的作用和目的。

（一）广告“度”的表现

广告可以通过冲击度、好感度、知名度、理解度等基本元素进行“度”的表现。

1. 冲击度

冲击度是广告表现中最重要的元素，它是指广告通过视觉冲击来吸引消费群体的注目。当人们漫步在摆着各种各样的商品的超市或驱车行驶在公路上时，会因映入眼帘的各式广告而产生视觉感应。视觉冲击力强的广告对产品的促销、企业形象的展现、品牌的树立能起到积极的作用，能够提高产品的认知度，从而使产品获取市场的主动权。

2. 好感度

好感度取决于广告在消费者心理的认知反映，是广告表现时要遵循的重要元素，它是以不同的消费者心理调查为基础，对市场进行合理的定位。随着市场竞争力度与日俱增，不同企业生产的同类产品本身的品质相差无几，因此，提升好感度更能提高消费者选择商品的概率。

3. 知名度

产品知名度是由广告创造的，在保证产品的高品质的基础上，广告的表现形式可以借助明星效应，还可以用相关物体来象征产品的质量、功能和作用。新产品上市时扩大知名度尤为重要，这直接影响消费者购买时的选择范围，同时也能够加深消费群体对产品的记忆。

4. 理解度

理解度也被称为“诉求度”，它迎合了消费者对购买产品的期望值，理解度高就会促使消费者缩小选择的空间，从而缩短购买时间。此元素在新产品、具有独特性的产品和具有特色服务的促销广告中显得十分重要。

“娃哈哈”广告设计（见图 1-1-2）主要围绕苹果和葡萄两种口味，主题元素采用“娃哈哈”的瓶身进行设计，结合运动、摆拍的姿势，运用谐音渲染氛围，体现“苹”（平）安健康、“萄”（讨）你欢喜的设计理念。“娃哈哈”广告设计采用红色、紫色调，具有强烈的视觉冲击，能够加深消费者对产品的印象，同时“娃哈哈”广告设计以大广赛的形式向全国学生征集优秀作品，着力打造品牌的知名度，从而促使消费者购买产品。

（二）广告的印象表现

广告的表现以吸引消费者的变化、影响消费者的行为为目的，当消费者接触一则广告时，广告留下的印象能够改变消费者对广告中的企业、商品以及服务的认知。因此，在广告表现的创作中，广告设计者需明确要通过广告表现给消费者留下怎样的印象，明确传达的印象后，才能找到适当的表现方法加以表现与创作。如当消费者看到“美颜相机”（见图 1-1-3）这一则广告时会倍感惊讶，通过相机仿佛能够看到人的前世今生，这则广告能够加深消费者对产品的印象和好感度。

(a)　　　　　　　　(b)

图 1-1-2 "娃哈哈"广告设计

▲设计者：20 级视觉传达设计　申成红

指导老师：龙庆华

(a)　　　　　　　　(b)

图 1-1-3 "美颜相机"广告设计

▲设计者：20 级视觉传达设计　韦海美

指导教师：龙庆华

（三）广告的社会性表现

广告是时代的产物，要与时代特征融会贯通。广告通过反映时代、表现时代、引领时代，与消费者产生共鸣，因此，广告的表现要具有社会性特征。

适应社会经济环境的变化是广告具有社会性的体现。经济是现代社会人们赖以生存的基础，及时把握社会经济环境的变化，对调整广告表现的内容有着积极作用。当社会经济景气时，广告内容可以营造出为其庆贺、祝福的氛围；当社会经济衰退时，广告内容可以营造出安慰、鼓励的氛围。

适应消费者的习惯、流行的变化是广告具有社会性的体现，消费者的习惯、市场的流行趋势与广告有着密不可分的联系。广告表现应该尊重消费者的习惯，这样更加容易打动消费者，被消费者青睐；广告表现还应该结合市场的流行趋势，创造独特的、适合的广告设计。在广告表现上恰当地掌握消费者的习惯、流行的变化是十分必要的，但是，广告表现如果过于强调遵守消费者的习惯会显得墨守成规，缺乏创新活力；如果创造不切合实际的流行表现会显得天方夜谭，缺乏理性逻辑，从而影响企业的形象。

适应社会构成的变化是广告具有社会性的体现。商业经济发展使得广告的表现也发生了明显的改变。如儿童食品类广告的侧重点、定位不同，广告表现也有所差别。在儿童较多的时代，广告表现主要强调争相购买的情景，以表达消费群体对品牌的喜爱之情；而在儿童较少的时代，广告表现的重点则放在促进儿童的健康成长上。

受到相关艺术的影响是广告具有社会性的体现。广告作为独特的艺术表现形态，在广告表现上受到其他相关艺术变化的影响，如音乐、舞蹈、美术、影像艺术等，许多优秀的广告表现中会融合音乐、影像艺术等表现手法。

五、广告的研究角度

广告的研究角度（见图 1-1-4）是丰富多样的，长期以来运用经济学、美学等分析方法研究广告的情况较为普遍。经济学研究是将广告作为一种经济现象，利用经济学的基本原理，对广告在市场经济中的作用进行研究；美学研究是利用美学原理，从广告的艺术性方面对广告进行研究。广告的最终表现总是需要通过一定的视听形式传播给消费群体，广告的形式美感对传播效果起到重要作用。近年来，人们开始从心理学的角度对广告进行研究，随着广告业的发展、广告研究的不断深化，我们还可以从社会学、心理学、设计学、统计学、信息学以及市场学等角度深入分析。

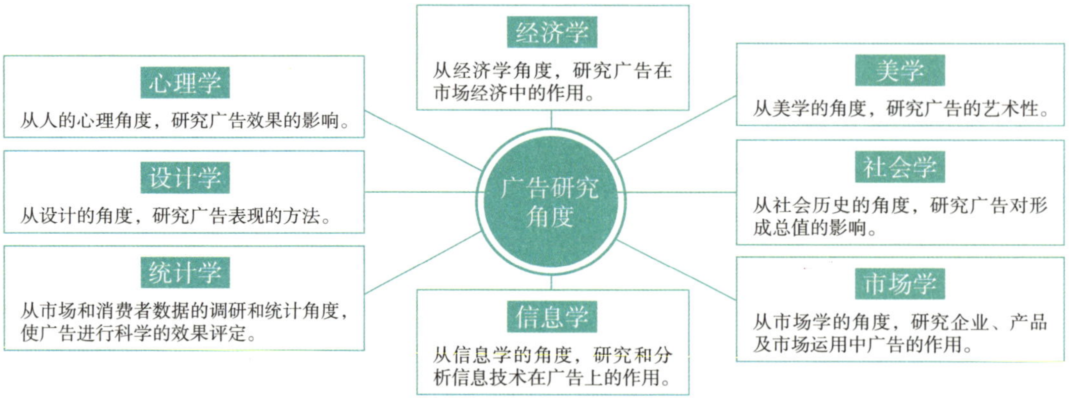

图 1-1-4　广告研究角度示意图

（一）社会学

随着现代化、信息化社会的发展，广告对社会意识会产生潜在的影响，广告能够促进社会信息的沟通与交流，对社会意识的形成起着重要作用。从社会学的角度来看，深入研究具有社会意识形态要素的广告是十分重要的，全面、科学地研究广告对社会的作用可以显现出广告的传播速度和传播范围。

（二）心理学

心理学对于广告的效果评定具有较大的作用。消费者通过广告对产品形成认知观念，并产生各种心理活动，因此，可以从社会心理学、消费心理学等角度对广告进行研究，也可以从认知心理学的角度对广告的科学性等方面进行深入研究。

（三）设计学

设计学是广告研究中的实践部分，它将研究成果直观地应用于广告的表现与创作中。从目前广告界的发展趋势来看，设计专业的学生多数会从事广告创作、广告表现及其他相关工作。从设计学的角度研究广告，可以从广告的表现、广告的艺术性等方面展开，充分利用美学原理研究和创造广告的艺术魅力，使广告设计作品更加具有形式美感。

（四）统计学

统计学主要用作对市场和消费者的基础数据进行调研和统计处理，它能够使广告的策划、表现和发布建立在科学的数据基础上，能够有效地帮助广告投放者选择投放媒体，同时统计学还可以对广告效果进行科学、理性的评定。

（五）信息学

广告是当代信息社会最具普遍性的文化现象，属于一种社会信息形态。从信息学角度来看，广告能否成功主要取决于广告的信息质量的好坏。信息质量可分为接受质量和表现质量两个方面，接受质量是广告对象对媒体所传递的基本信息的接受程度，表现质量是媒体信息本身的表现力和作用力，包括参与性、依赖性、艺术性等测定要素。

（六）市场学

广告是市场经济的产物，脱离了市场，广告就失去了存在的价值。广告是为了实现市场目标而展开的活动，通过信息传播在目标市场内加强企业与消费者之间的联系，改善企业形象，促进产品销售。随着市场竞争的加剧，企业要想有更多的发展机会，就必须以消费者为中心，立足于市场，从市场学的角度研究企业、产品及市场运用中广告的作用。

任务二 广告策划的基础理论

一、广告策划的概念

“策划”一词最早出现于《后汉书》中，也作“策画”。《辞源》中提及，策划为筹划、计划；《辞海》中将策划解释为计划、打算。

“策划”常与“战略”“策略”“规划”等词连用，泛指某种策略或者战略的产生过程。管理学学者许士军认为：“策略代表为达到某种特定目的所采取的手段，表现为对重大资源的调配方式。至于策略规划则是界定企业目标与使命，侦查外在环境，制定公司资源分配原则乃至生产、行销、财务等功能性政策的这一系统的过程。”1989 年 4 月，唐仁承出版了著作《广告策划》，1989 年 9 月，杨荣刚也出版了《现代广告策划》一书，二者在书中对广告策划的概念进行了明确界定。

关于广告策划的概念众说纷纭，综合相关专家学者的观点，本书将广告策划定义为：广告策划是根据广告主的营销计划和广告目标，在市场调查的基础上，制订与市场情况、产品状态、消费群体相适应的广告计划方案，并对方案进行评估、实施和检验，从而为广告主的整体经营提供良好服务的活动。

二、广告策划的基本原则

广告策划指导着广告设计者如何开展广告活动，在进行广告实践过程中需遵循以下几个原则。

（一）真实性原则

广告策划的真实性是指广告策划的内容必须以事实为依据，是对客观实际的准确把握和真实反映。广告是一种劝说消费者的宣传活动，只有坚持真实性原则，企业才能通过广告活动长久获利，广告策划如果违背了真实性原则，往往会损害企业的产品形象。

（二）信息量原则

广告作为一种信息的传播活动，需要向消费者传递一定的信息，而广告策划是对信息的传播流程进行有效地引导和控制。为遵循信息量原则，创作者在进行广告策划时要对广告信息加以提炼，选择广告的信息通道，确保信息的流向，保证广告策划活动系统有序地开展。

（三）针对性原则

广告策划并不研究广告的一般规律，而是将广告学的原理运用到具体的广告活动中，按照广告主的需求，充分结合广告活动的有效性，有针对性地进行广告活动。广告活动的开展应该针对广告的目标，结合投入产出，最终达到产生广告效益这一目的。

三、广告策划的内容

广告策划的内容主要包括广告的市场调研、产品的定位、广告战略、广告效果的评定等内容。

（一）广告的市场调研

广告的市场调研是广告策划与创意的基础，是通过对广告环境、广告主经营情况、产品、同类品牌的市场竞争性以及受众群体等情况的调研了解市场态势，掌握消费者的心理需求，收集相关信息资料。

（二）产品的定位

在广告策划中，广告产品在人们心中的地位尤为重要，在了解企业或产品的实际形象后，广告设计者应该深入研究和分析产品的各类特征，并以此进行产品定位和广告定位。

（三）广告战略

广告战略的策划主要是指确定广告战略的方案，广告设计者可以从市场、内容、时间、空间、优势、消费者心理、传播范围、传播媒介等多角度设计广告。

（四）广告效果的评定

广告效果的评定是广告策划中的最后环节，也是广告主最关心的内容，根据广告效果的评定结果可以判定广告活动的传播效果，为下次广告策划提供参考依据。

四、广告策划的程序

广告公司接受委托进行广告策划时，需要按照一定的程序，张弛有度地进行策划工作。

（一）成立策划小组

广告策划工作的开展需要结合各界人士的决策。广告策划需要成立策划小组，以负责广告的具体事项。策划小组一般是由业务主管、策划人员、文稿撰写人员、设计人员、市场调研人员、媒介联络人员、公关人员等组成，其中业务主管、策划人员和设计人员属于策划小组的中坚力量。

（二）策划工作的具体实施

经过策划小组的讨论与协商，结合广告主的要求，业务主管向策划人员、设计人员、媒介联络人员等下达主体任务，各成员根据工作安排具体实施。

（三）撰写广告策划报告

策划小组中相关成员结合实际的项目撰写广告策划报告，报告得到广告主的认可后，方可进入广告制作、发布等实施阶段。

任务三 广告创意的基础理论

一、广告创意的概述

“创意”一词最早出现于东汉王充的《论衡》一文中，是指文章有新的意义。《现代汉语词典》中将创意释义为有创造性的想法、构思等。黄牧怡在《走进思维的新区》一书中，将创意分为实物的发明或革新、解决现实问题的新对策、制度的创新、纯理论的构思、主观认识和个人态度方面的新变化五个方面。

广告创意是一种从无到有的精神活动，是一种思维转换的过程。广告调研和广告策划是确定广告“说什么”，而广告创意则是解决广告“怎么说”的问题。在广告创作中，广告设计者应该创作出具有独特形象和意境的作品，广告诉求内容和广告信息应更加生动形象，从而引起消费者的兴趣。

二、广告创意的特征

广告创意具有抽象性、受制约性、灵活性等特征。

（一）广告创意的抽象性

抽象与具象是相对应的概念，具象指客观存在的或者认识中反映出来的事物的整体，是多方面属性、特点关系的统一；抽象则是从具体事物中提取出来相对独立的各个方面、属性和关系等，抽象和具象在认识中互相联系和转换。认识从客观具体开始，经过分析形成有关概念、判断的抽象认识，又经过综合再现具有多方面属性、特点和关系的统一整体，最终形成具体认识。

广告创意的抽象性要求设计人员在设计时将逻辑思维转换为形象思维，有效运用将概念的抽象认识转换为具象事物的形象思维能力，这就需要设计人员具有敏锐的洞察力、丰富的生活体验和想象力，并转换思维方式，善于发现、捕捉广告诉求，以独特的方式进行广告形式的表达。如“100 年润发”的广告设计（见图 1-3-1）将女生形象作为设计主体，着重展现头发的水感轻盈、丝滑柔顺，女生手中拿着“100 年润发”的产品，以具象形式进行设计表达。

又如“美颜相机”的广告设计（见图 1-3-2）将三个不同的女生形象作为设计主体，外轮廓融合相机的造型和细节，传达相机能够定格美貌、捕捉美貌等设计理念，运用设计构成的形式进行具象表达。

（a）

（b）

图 1-3-1 “100 年润发”广告设计

▲设计者：20 级视觉传达设计　莫强天

指导教师：龙庆华

（a）

(b)

(c)

图 1-3-2 “美颜相机”广告设计

▲ 设计者：20 级视觉传达设计　尚小露

指导教师：龙庆华

再如“娃哈哈”的广告设计（见图 1-3-3）将“娃哈哈”瓶身做成飞行和垂钓工具的外观，对主体人物予以精细化塑造，结合“娃哈哈”的芒果、苹果、葡萄三种口味进行趣味化设计，画面以插画的形式进行抽象设计表达。

(a)

（b）　　　　（c）

图 1-3-3 “娃哈哈”广告设计

▲设计者：20 级视觉传达设计　尚小露

指导教师：龙庆华

（二）广告创意的受制约性

广告创意受到广告法规、产品和广告主的制约。

自 1982 年出台《广告管理暂行条例》开始，我国陆续颁布了《中华人民共和国广告法》等一系列法律。广告法律法规的颁布有利于规范广告活动，促进广告业的发展、保护消费者的权益、维护社会的发展秩序。广告法对广告创意具有一定的制约性，这些要求能够规范广告市场、正确引导消费、促进市场经济的发展。因此，广告设计者在进行广告设计时，要正确认识和理解广告法规的限制，熟悉各项有关广告的法律法规。

产品的种类较多，受传统观念和风俗习惯的影响，广告创意要符合消费者的传统观念、普遍看法和风俗习惯，尽可能地不和受众的固有观念产生冲突，以免引起消费者的反感。

广告都是由广告主发布的，广告主是广告运作的出资者，对广告具有自己的见解，而这往往会影响和限制广告设计者开展广告创意工作。创作人员需要正确地对待，要认真倾听和分析广告主提出的建议，但不能一味地服从。

（三）广告创意的灵活性

广告的创意是对具体诉求内容的形象化和具体化，需要围绕广告策略来进行，广告创意是在广告策划的指导下，在诉求内容和主题概念的规范下进行的创新性创造，具有灵活性。

在创意前期阶段，设计者应尽可能处于轻松自然的状态，不受任何拘束地从搜集的元素中寻找与产品、品牌相关的节点，然后采用独具创意的图形、文字将这些想法视觉化。广告创意和设计方法应该具有一定的扩展性，即从一个广告创意出发，设计出多则广告作品，并充分考虑应用于不同的广告媒体。多则广告作品有可能是同一类媒体上的系列作品，也有可能是同一品牌、产品或者服务同一阶段但在不同媒体上出现的广告作品。如“纳爱斯”广告设计（见图 1–3–4 至图 1–3–6），图 1–3–4 是满构图形式，将男生、女生形象与手势联系起来，对“纳爱斯”牙膏进行了较好地解读；图 1–3–5（左）是采用插画的表现形式，将牙膏当作飞行器，载着学生开启求学之旅，图 1–3–5（右）又将牙膏画成桥的外观，绘制出七夕节男生与女生相会的快乐情景；图 1–3–6 采用杯子作为主体造型，运用汉字谐音“樱”（因）你相伴、“兰”（难）以忘怀为创意点，杯中运用樱花和小苍兰进行细节刻画与设计。虽然这三则广告表达的含义不同，但它们之间又有着一定的联系。对广告创意弹性的把握要基于对企业形象以及产品功能感受的统一分析，这三则广告集统一性与多样性表现于一身，其创意表现在系列广告设计中是非常值得推崇的。

（a）　　（b）

图 1–3–4　“纳爱斯牙膏”广告设计

▲设计者：20 级视觉传达设计　牟相琴

指导教师：龙庆华

（a）　　（b）

图 1-3-5　“纳爱斯”广告设计

▲ 设计者：20 级视觉传达设计　何绍洁

指导教师：龙庆华

（a）　　（b）

图 1-3-6　“纳爱斯”广告设计

▲ 设计者：20 级视觉传达设计　王小雅

指导教师：龙庆华

实践讨论

主题讨论会

（1）搜集国内外优秀广告、广告策划、广告创意素材，赏析和研学经典案例，谈谈这三者之间的关系。

（2）整理和分析优秀广告、广告策划、广告创意案例，列举印象最为深刻或者最为感动的经典案例，分析其创新角度、创新形式等内容，以幻灯片的形式呈现，并以小组为单位进行汇报。

模块二 项目阶段实训

■ 目标导航

知识目标：（1）了解广告调研的形式、具体项目、调研方法、调研报告的撰写等基础理论知识，掌握广告战略策划的概念、主要内容、特征、指导思想和广告策略单的设计等相关知识。

（2）了解文字、图形、色彩要素表达的基础理论知识，掌握广告创意的选取角度、过程、表现方法、思维方式等相关知识。

（3）了解广告文案的写作特征、写作程序、写作要求等基础知识，掌握广告策划书的基本结构、写作程序、创意、撰写要点等理论知识，掌握广告媒体的种类及特征、新媒体广告设计、广告媒体策划的流程与选择等相关知识。

能力目标：（1）通过学习广告调研的基础理论知识，培养撰写调研报告的能力。

（2）能够掌握广告策略单的设计与表现能力，掌握广告创意的设计与表达能力。

（3）能够掌握广告策划文案的撰写和广告文案的撰写能力。

素质目标：（1）深入挖掘企业品牌的商业需求与优秀传统文化的契合点，创新中国传统文化与广告策划融合的过程。

（2）在注重广告的商业需求的同时，更要重视中华优秀传统文化在中国广告文化及传播中的发展和延伸。

■ 模块概述

广告文案具有真实性的特征，真实是广告文案的首要特征，也是广告文案的生命线。举世闻名的广告业传奇人物大卫·奥格威多次讲道广告应具有真实性："广告必须提供事实……切忌夸大和不实之词""绝对不要制作不愿意让自己的太太和儿子看的广告""诸位大概不会有欺骗自己和家人的念头，当然也不能欺骗我的家人，己所不欲，勿施于人"。作为现在或者未来的广告从业者，我们应该在职业中保持诚实，绝不可以欺骗和误导消费者。

以往的广告策划往往以企业品牌的经济利益需求为导向，企业需要什么就做什么主题的策划。但在当前的时代背景下，广告策划需要综合中华优秀传统文化元素和市场商业化需求的精华，以中华优秀传统文化为基本元素，"讲好中国故事"，深入挖掘企业品牌的商业需求与优秀传统文化的契合点，创新中国传统文化与广告策划的融合，广告设计者不仅要看到广告的商业需求，更要重视中华优秀传统文化在中国广告文化及传播中的发展和延伸。因此，应把地方特色品牌崛起的故事、国货品牌呈现出的社会担当和民族气节、民族文化潮流和民族文化自信引入到广告设计中来。

任务一 广告调研与分析

一、课程要求

任务目标：了解广告市场调研的形式、学习具体的调研项目，能够明确广告与市场调研之间的关系，了解广告市场调研需做出的前期准备和广告市场调研的整个流程。通过对广告市场调研内容和方法的学习，熟悉并掌握广告市场调研的不同方法，深入分析广告市场调研的具体内容，为广告定位打下良好的基础。同时能够明确广告市场调研在广告作业流程中的作用和指导意义，根据实际案例的调研需求，结合广告市场调研的方式，形成广告市场调研报告。

任务时间：4 学时。

任务作业：撰写广告市场调研报告。

二、探索新知

（一）广告市场调研的内容

广告市场调研的内容主要包括产品和消费者两个方面的情况。

产品调研是指了解从产品生产到消费者买入的整个流程的信息，主要有原料、制作工艺、包装、运输、经营、销售等。广告市场调研中的产品调研是从产品的角度出发，主要了解产品存在的问题、产品的使用特点等。

消费者调研是指对消费者从产生需求到使用产品的过程中接触到的每个环节进行调研，包括具体需求、引起注意、感受、判断、认知、购买、使用等的调查和研究。广告市场调研中的消费者调研是从消费者的角度，通过对消费者从产生需求到使用产品的整体过程进行调研，了解产品存在的问题、产品的使用特点等。

（二）广告市场调研的形式

广告市场调研可以从内部调研、外部调研、间接调研几个方面着手。

1. 内部调研

内部调研属于广告市场调研的第一步，它为广告市场调研搜集详细的资料，它从市场营销过程中的相关环节选择代表性人物进行调研。在调研过程中，调研者需将调研内容做好记录，并整理成文字信息。

2. 外部调研

市场营销中涉及的人员和企业，往往掌握着大量的信息，这些信息对企业的市场战略决策起着重要的作用。因此，调研与产品相关的人员至关重要。外部调研的对象主要有各级经销商、零售商、促销人员以及使用同类商品的消费者，有些产品还需要从原材料供应商处进行调研。

3. 间接调研

广告市场调研还可以通过书籍、报纸、杂志、网络等各种信息载体搜寻与主题相关的信息，并且从大量信息中精简和提取出适合的信息资料。间接调研可以从以下几个方面搜集资料。

（1）统计部门以及各类政府主管部门发布的相关资料。

（2）各类专业咨询中心、专业调查机构、各行业协会等提供的市场信息。

（3）有关生产和经营机构提供的商品目录、广告说明书、专利资料、商品价目表等。

（4）国内外相关书籍、报纸、杂志、网络等提供的资料。

（5）各地电台、电视台提供的有关市场信息。

（6）各种博览会、展销会、交易会以及专业性、学术性经验交流会议上发布的文件和资料。

（三）广告市场调研的具体项目

广告市场调研的具体项目分别为营销环境的调研、消费者的调研、产品的调研、企业和竞争对手的竞争状况调研、企业和竞争对手的广告调研等（见表 2-1-1）。

表 2-1-1 广告调研的具体项目

<table>
<tr><th>项目名称</th><th colspan="2">项目主要内容</th></tr>
<tr><td rowspan="5">营销环境的调研</td><td colspan="2">市场的背景</td></tr>
<tr><td colspan="2">市场的规模与构成</td></tr>
<tr><td colspan="2">市场的特性</td></tr>
<tr><td colspan="2">市场的优势与劣势</td></tr>
<tr><td colspan="2">市场的重点问题</td></tr>
<tr><td rowspan="7">消费者的调研</td><td colspan="2">消费者潮流的总体趋势</td></tr>
<tr><td rowspan="3">现有消费者分析</td><td>现有消费者的构成</td></tr>
<tr><td>现有消费者的消费行为</td></tr>
<tr><td>现有消费者的消费态度</td></tr>
<tr><td rowspan="3">潜在消费者分析</td><td>潜在消费者的特性</td></tr>
<tr><td>潜在消费者的购买行为</td></tr>
<tr><td>潜在消费者被品牌吸引的可能性</td></tr>
</table>

续表

<table>
<tr><th>项目名称</th><th colspan="2">项目主要内容</th></tr>
<tr><td rowspan="11">产品的调研</td><td rowspan="6">产品的特性分析</td><td>产品的性能</td></tr>
<tr><td>产品的质量</td></tr>
<tr><td>产品的价格</td></tr>
<tr><td>产品的外观</td></tr>
<tr><td>产品的工艺材质</td></tr>
<tr><td>与同类产品的比较</td></tr>
<tr><td rowspan="3">产品的定位分析</td><td>产品的预期定位</td></tr>
<tr><td>消费者对产品定位的认知</td></tr>
<tr><td>产品定位的效果</td></tr>
<tr><td rowspan="2">产品的品牌形象分析</td><td>企业赋予产品的形象</td></tr>
<tr><td>消费者对产品形象的认知</td></tr>
<tr><td rowspan="3">企业和竞争对手的竞争状况调研</td><td colspan="2">企业在竞争中的地位</td></tr>
<tr><td colspan="2">企业的竞争对手</td></tr>
<tr><td colspan="2">企业与竞争对手的比较</td></tr>
<tr><td rowspan="5">企业和竞争对手的广告调研</td><td colspan="2">企业和竞争对手以往的广告活动</td></tr>
<tr><td colspan="2">企业和竞争对手以往广告的目标市场策略</td></tr>
<tr><td colspan="2">企业和竞争对手的产品定位策略</td></tr>
<tr><td colspan="2">企业和竞争对手以往的广告表现策略</td></tr>
<tr><td colspan="2">企业和竞争对手以往的广告媒介策略</td></tr>
</table>

（四）广告市场调研的方法

广告市场调研方法主要有观察法、实验法、访谈法、问卷法、抽样调研法等（见表 2-1-2）。

表 2-1-2　广告市场调研方法

广告市场调研方法	观察法	实地研究
	实验法	小规模实验
	访谈法	结构式访谈
		无结构式访谈
		集体访谈
	问卷法	发放问卷
	抽样调研法	抽取调查对象

1. 观察法

观察法也被称为“实地研究法”，是一种由调研人员以视觉或听觉的形式对被调研对象直接观察的方法。如调研人员在销售场地观察产品的购买情况。

2. 实验法

实验法是一种由调研人员根据调研的规范和要求，以小规模实验的形式对产品的功效、消费者心理等情况进行调研的方法。

3. 访谈法

访谈法有结构式访谈、无结构式访谈、集体访谈等多种形式。

结构式访谈是按照事先设计好的问卷内容和顺序展开访谈活动。调研人员需根据设计好的提纲来进行访谈，不能随意更改访谈的内容。整个访谈过程以提问的方式进行，访谈时调研人员的态度和语气应保持平和，避免对消费者形成心理误导。无结构式访谈不设置固定的调研问卷，由调研人员与被访者自由交谈，各抒己见。集体访谈主要是通过座谈会的形式听取消费者的想法和建议，集体访谈的对象可以是专家，也可以是消费者。

4. 问卷法

问卷法主要是收集数据，调研人员需要设计好一份科学合理的调研问卷，将其发放给消费者填写，并于消费者完成填写后回收和整合问卷中所传递的信息。

5. 抽样调研法

抽样调研法是从全部调研对象中抽选部分调研对象进行调研，并据此对全部调研对象作出评估与推断的一种方法。

（五）广告市场调研报告的撰写

广告市场调研包括计划、实施、收集、整理等系列过程，广告市场调研报告是整个调研工作的总结，是通过对收集整理得到的资料进行客观分析而得出的科学论证，也是广告主需要的重要资料之一。因此，调研人员要认真撰写广告市场调研报告，准确分析和论证调研结果，使广告市场调研报告具有缜密的逻辑性。广告市场调研报告主要由首页、目录页、调研概要、内文、结论与建议、附件等内容构成。

1. 首页

调研报告的首页须点明题目，概括性地表达调研项目的性质和主题。首页还应写明广告主的单位名称、调研人员所属单位名称和报告日期。

2. 目录页

在撰写目录页时应明确各章节之间的逻辑关系，标明各章节页码，以便通过目录索引查阅调研报告的内容。目录页是调研报告的标题式纲要，应体现调研报告的整体内容框架结构。

3. 调研概要

调研概要属于整个调研报告的核心，需言简意赅，突显主题内容。通过阅读调研概要，阅读者能够大致了解调研的结果，但要从内文中获取更多的信息。

4. 内文

调研报告的内文是整个广告市场调研的详细阐述，包括调研方法、调研程序、调研结果等内容。对调研方法的描述需注明使用何种方法，并说明选择此种方法的原因。调研人员撰写调研报告的内文时应尽量多采用表格的形式引入数据，并附上对数据的解释和分析。同时，调研报告内文的结构、推理过程及结论应具有一定的逻辑性。

5. 结论与建议

此部分是根据调研结果得出的结论与建议，调研人员要结合企业或者消费者的实际情况提出产品的优劣势，并提出建议。这部分内容包括必要的背景、信息、重要的发现、结论等，也可以有根据阅读者的需要而提出的可行性建议。在建议部分可以制作简要的说明，使阅读者能够参考调研报告中的信息对建议进行判断与评估。

6. 附件

调研报告的附件包括一些复杂、专业性的内容，通常可以将调查问卷、抽样名单、地址表、地图、统计检验计算结果、相关数据、制图等作为附件内容。同时，调研人员需要对每一项内容进行编号，以便阅读者查阅。

三、项目实训

■ 项目实训一：“贵茶集团 · 抹茶”产品调研报告

项目描述

贵州省近年来大力推进茶叶产业发展，全省茶叶种植面积达 4 666km^2，位居全国前列。位于“中国抹茶之都”铜仁市的贵茶集团有限公司目前已经建成世界最大单体抹茶精制车间，具备每年近 4 000 000 kg 高品质抹茶产能。其抹茶原料及产品不仅畅销国内，还出口 10 余个国家和地区，享有“世界抹茶工厂”的美誉。“贵茶集团 · 抹茶”产品调研报告（见图 2-1-1）由铜仁学院艺术学院 19 级视觉传达设计专业的学生李鹭瑶撰写、教师周祺芬指导。李鹭瑶主要从产品概括、衍生产品分析、竞争者分析及调查问卷的设计、统计、总结等几个方面撰写调研报告。

成果赏析

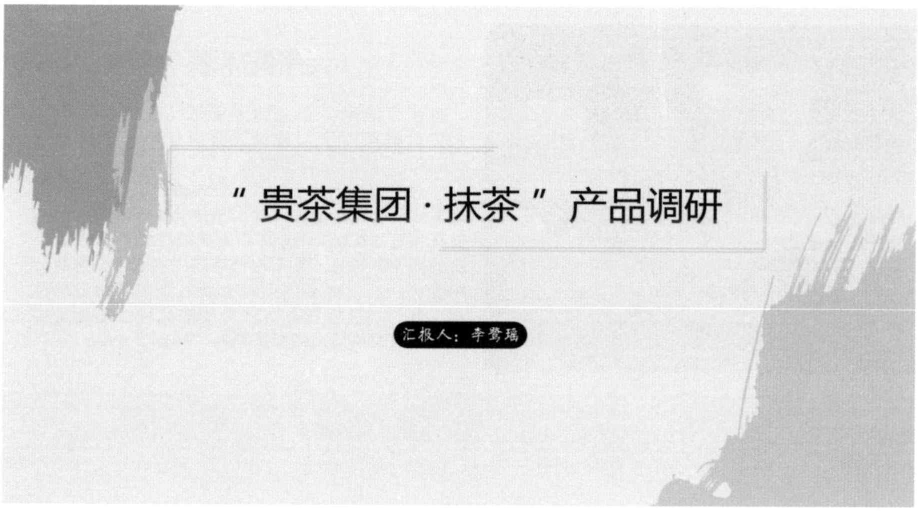
“贵茶集团·抹茶”产品调研
汇报人：李鹭瑶

（a）

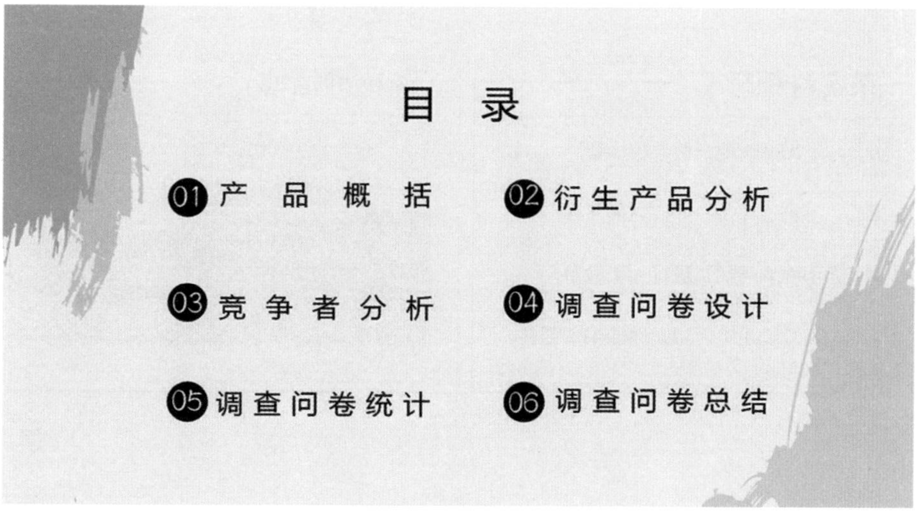
目 录
01 产品概括
02 衍生产品分析
03 竞争者分析
04 调查问卷设计
05 调查问卷统计
06 调查问卷总结

（b）

产 品 概 括
第 一 部 分

（c）

贵茶抹茶
作为国家生态文明试验区，贵州省近年来大力推进茶叶产业发展，全省茶叶种植面积达$4666km^2$，位居全国前列。
位于“中国抹茶之都”铜仁市的贵茶集团有限公司目前已经建成世界最大单体抹茶精制车间，具备每年近 4 000 000kg 高品质抹茶产能。从这里走出的抹茶原料及产品不仅畅销国内，还出口至欧美 10 余个国家和地区，享有“世界抹茶工厂”的美誉。
制作“欧标抹茶”所采用的品种，是贵州省目前种植面积最大的绿茶树种“福鼎大白”。

（d）

茶树种植环节
第一，不用老耕地，怕农药残留。
第二，不种连片茶，保持物种多样。
第三，不喷农药剂，进行人工除草。
第四，不施通用肥，用天然油粕做肥料。
茶树种植地

（e）

抹茶衍生产品
抹茶小方
抹茶雪花酥
抹茶冰淇淋
抹茶蛋糕

（f）

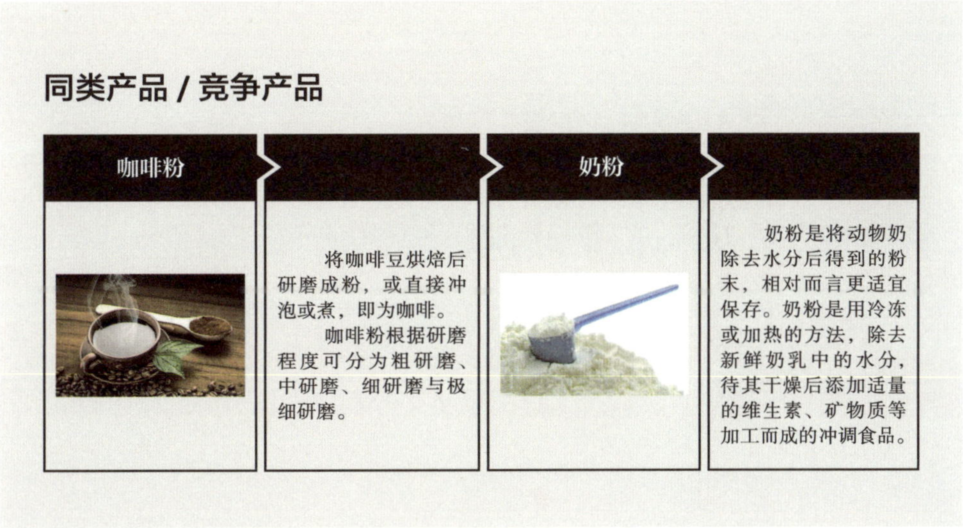
同类产品 / 竞争产品
咖啡粉
将咖啡豆烘焙后研磨成粉，或直接冲泡或煮，即为咖啡。
咖啡粉根据研磨程度可分为粗研磨、中研磨、细研磨与极细研磨。
奶粉
奶粉是将动物奶除去水分后得到的粉末，相对而言更适宜保存。奶粉是用冷冻或加热的方法，除去新鲜奶乳中的水分，待其干燥后添加适量的维生素、矿物质等加工而成的冲调食品。

（g）

调查问卷设计
第二部分

（h）

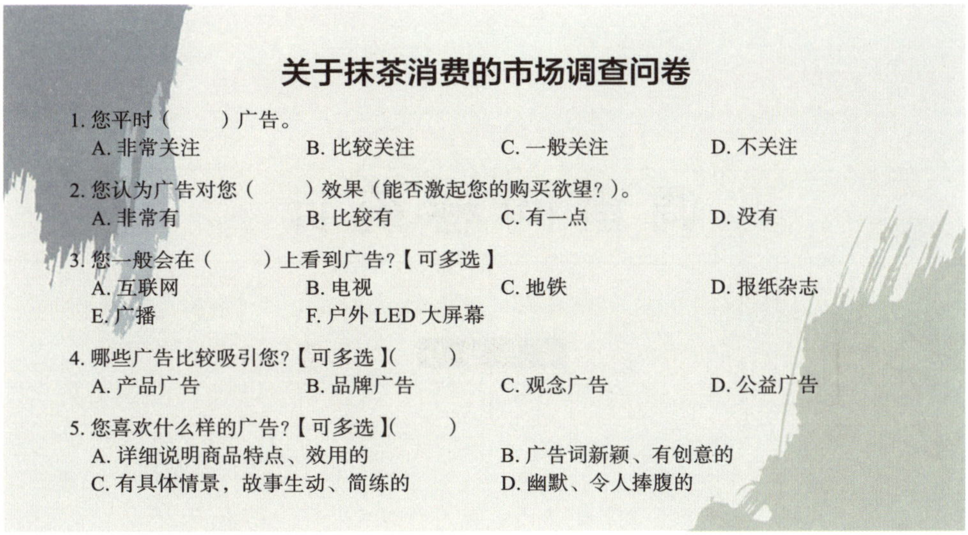
关于抹茶消费的市场调查问卷
1. 您平时（　　）广告。
A. 非常关注　B. 比较关注　C. 一般关注　D. 不关注
2. 您认为广告对您（　　）效果（能否激起您的购买欲望？）。
A. 非常有　B. 比较有　C. 有一点　D. 没有
3. 您一般会在（　　）上看到广告？【可多选】
A. 互联网　B. 电视　C. 地铁　D. 报纸杂志
E. 广播　F. 户外 LED 大屏幕
4. 哪些广告比较吸引您？【可多选】（　　）
A. 产品广告　B. 品牌广告　C. 观念广告　D. 公益广告
5. 您喜欢什么样的广告？【可多选】（　　）
A. 详细说明商品特点、效用的　B. 广告词新颖、有创意的
C. 有具体情景，故事生动、简练的　D. 幽默、令人捧腹的

（i）

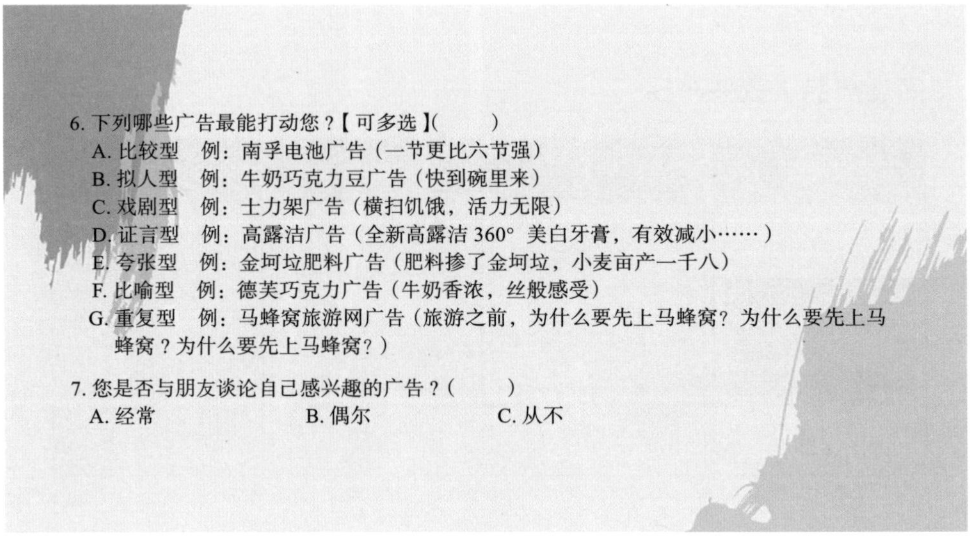
6. 下列哪些广告最能打动您？【可多选】(　　)
A. 比较型　例：南孚电池广告（一节更比六节强）
B. 拟人型　例：牛奶巧克力豆广告（快到碗里来）
C. 戏剧型　例：士力架广告（横扫饥饿，活力无限）
D. 证言型　例：高露洁广告（全新高露洁 360° 美白牙膏，有效减小……）
E. 夸张型　例：金坷垃肥料广告（肥料掺了金坷垃，小麦亩产一千八）
F. 比喻型　例：德芙巧克力广告（牛奶香浓，丝般感受）
G. 重复型　例：马蜂窝旅游网广告（旅游之前，为什么要先上马蜂窝？为什么要先上马蜂窝？为什么要先上马蜂窝？）
7. 您是否与朋友谈论自己感兴趣的广告？(　　)
A. 经常　B. 偶尔　C. 从不

（j）

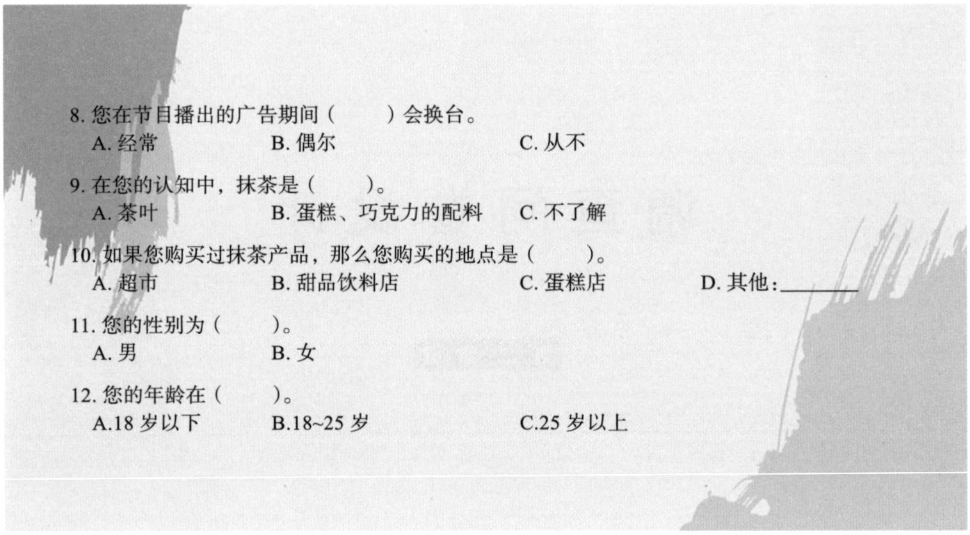
8. 您在节目播出的广告期间（　　）会换台。
A. 经常　B. 偶尔　C. 从不
9. 在您的认知中，抹茶是（　　）。
A. 茶叶　B. 蛋糕、巧克力的配料　C. 不了解
10. 如果您购买过抹茶产品，那么您购买的地点是（　　）。
A. 超市　B. 甜品饮料店　C. 蛋糕店　D. 其他:________
11. 您的性别为（　　）。
A. 男　B. 女
12. 您的年龄在（　　）。
A.18 岁以下　B.18~25 岁　C.25 岁以上

（k）

调查问卷统计
第三部分

（l）

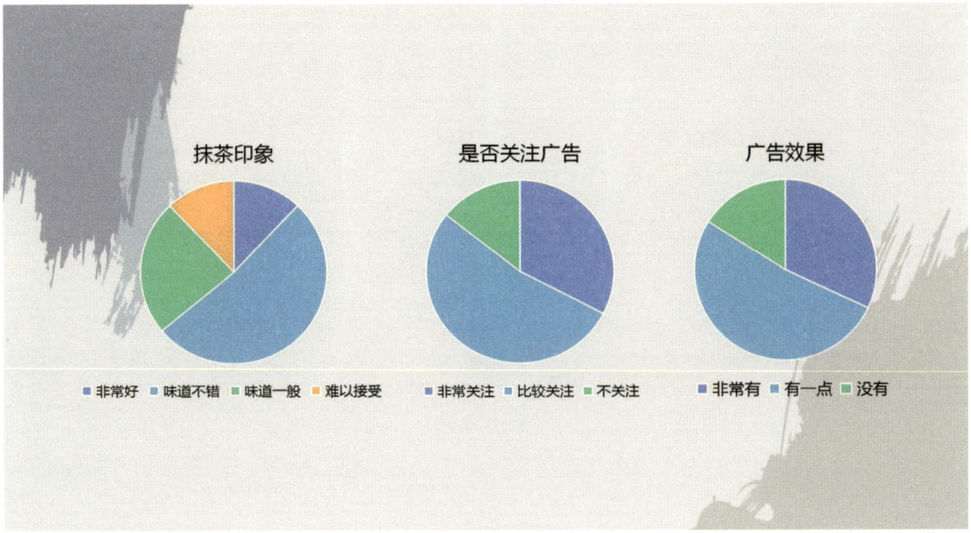
抹茶印象
是否关注广告
广告效果
非常好
味道不错
味道一般
难以接受
非常关注
比较关注
不关注
非常有
有一点
没有

（m）

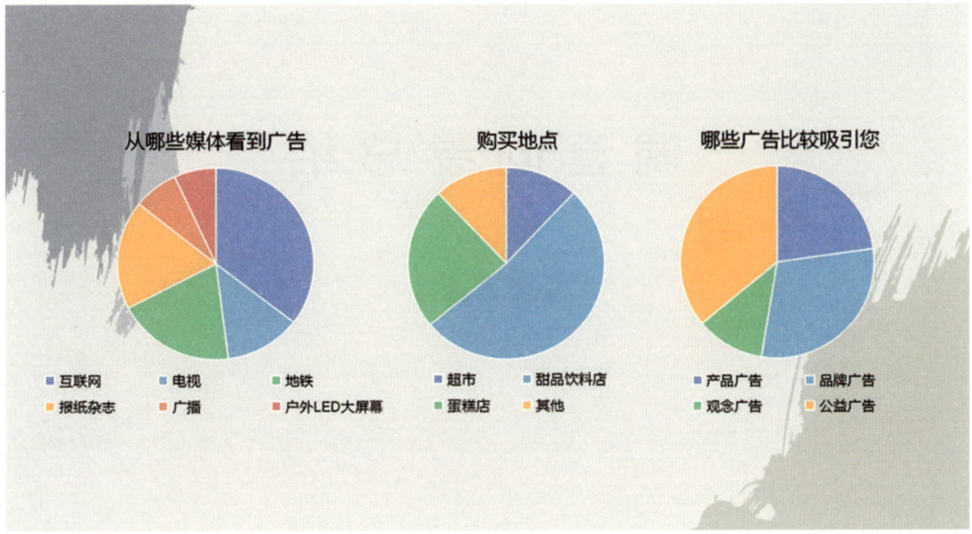
从哪些媒体看到广告
购买地点
哪些广告比较吸引您
互联网
电视
地铁
报纸杂志
广播
户外LED大屏幕
超市
甜品饮料店
蛋糕店
其他
产品广告
品牌广告
观念广告
公益广告

（n）

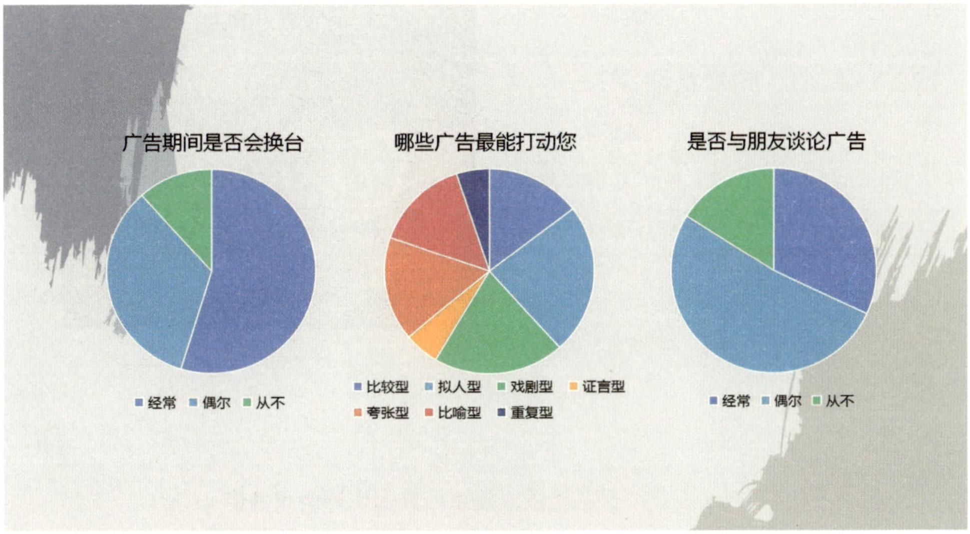
广告期间是否会换台
哪些广告最能打动您
是否与朋友谈论广告
经常
偶尔
从不
比较型
拟人型
戏剧型
证言型
夸张型
比喻型
重复型
经常
偶尔
从不

（o）

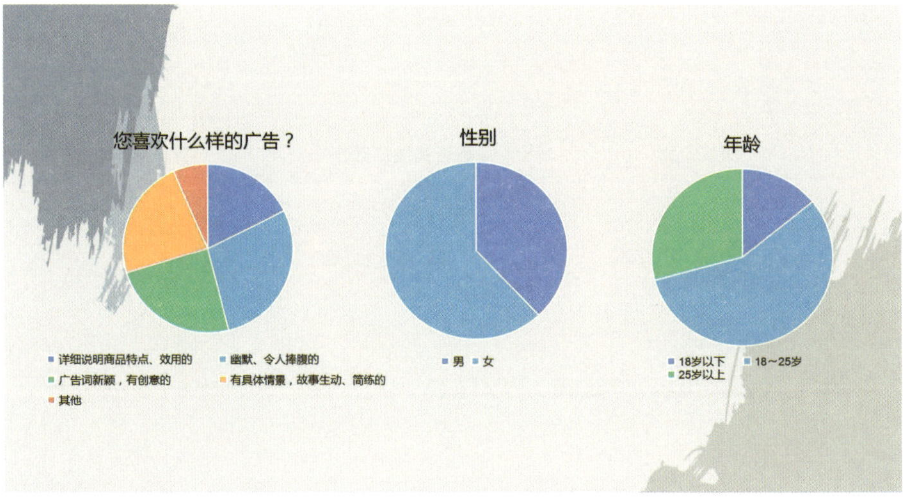

（p）

（q）

（r）

图 2-1-1 “贵茶集团 · 抹茶”广告市场调研报告

▲设计者：19级视觉传达设计　李鹭瑶

指导教师：周祺芬

■ 项目实训二：“松桃珍珠花生米”广告市场调研报告

项目描述

位于贵州省梵净山东侧的铜仁松桃县冷水溪乡珍珠花生基地现被列入世界文化遗产。铜仁珍珠花生是种植在铜仁境内以珍珠型为代表的本地花生，其籽粒形似珍珠，果壳薄，双仁果多，籽粒中小粒整齐饱满，种皮粉红有光泽，口感柔嫩、细腻，香味浓郁，又甜又脆，无异味，风味独特。“松桃珍珠花生米”广告市场调研报告（见图 2-1-2）由铜仁学院艺术学院 19 级视觉传达设计专业的学生龙继忠撰写，由教师周祺芬指导。调研报告从企业产品、竞争对手、调查问卷、调研结果几个方面着手设计。

成果赏析

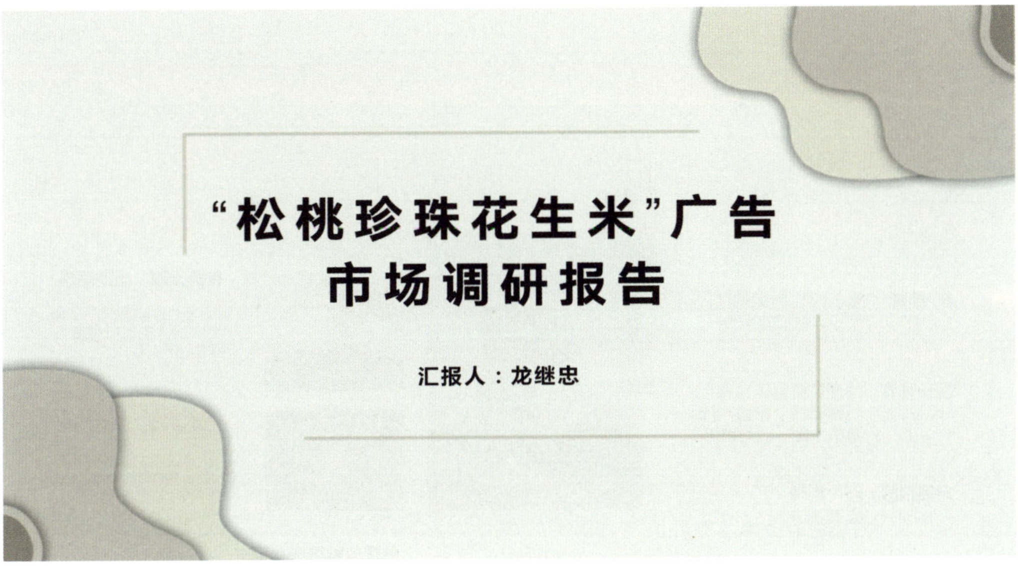

（a）

（b）

一、企业产品介绍

企业名称：松桃苗食优品农产品开发有限公司

品牌名称：松桃苗食

产品特性：松桃珍珠花生米来自世界自然遗产梵净山山脉。该地为优质原产地，培育出了不少优质花生。

松桃珍珠花生米是国家地理标志保护产品，源于世界自然遗产梵净山麓，曾获全国“优秀新产品奖”和“优秀项目奖”，以原汁原味原生态闻名。

（c）

广 告 语：果小纯洁 粒似珍珠 色泽鲜艳 口感细腻

生长环节：地理位置得天独厚，气候温和，雨量充沛 有机土壤，土地肥沃

产品口感：颗粒饱满 质脆香浓 入口香甜

有机土壤，土地肥沃

土地富含硒元素，土壤pH值为5.5~6.5，土壤肥沃、疏松、排水好。

气候温和，雨量充沛

珍珠花生汲取梵净山的山泉，吸收空气和阳光，慢慢开花、生长、结果。

地理位置得天独厚

珍珠花生源自世界文化遗产梵净山东侧贵州省铜仁市松桃冷水溪乡珍珠花生基地。

（d）

二、竞争对手分析

1.竞争对手基本信息

企业名称：贵州省铜仁市芳跃花生食品有限公司

品牌名称：芳跃

与芳跃花生相比，铜仁珍珠花生米为“珍珠型”，果壳更薄、空荚更少，果仁饱满，表面光洁，籽粒整齐饱满，种皮粉红有光泽，口感柔嫩、细腻，香味浓郁，回味带甜，脆性好，风味独特。

（e）

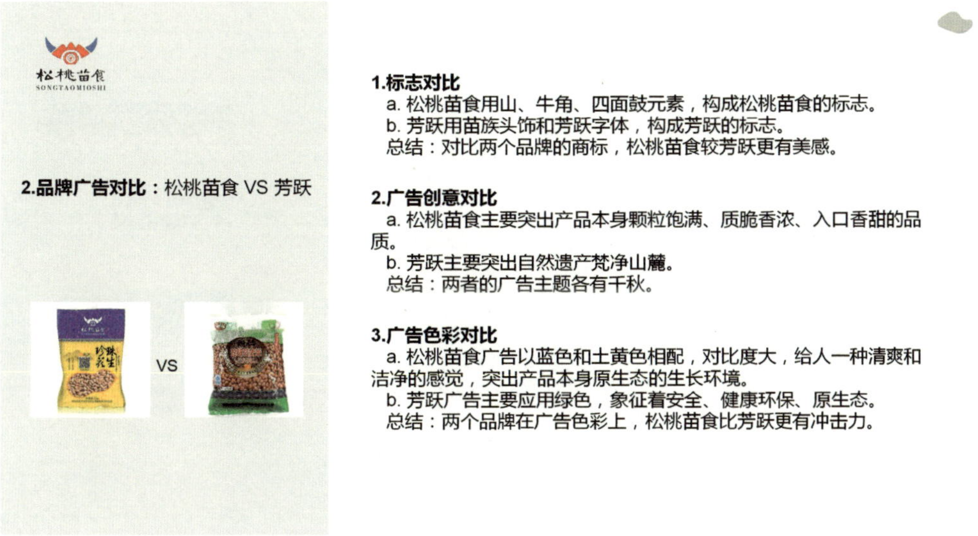
松桃苗食
SONGTAOMIOSHI
2.品牌广告对比：松桃苗食 VS 芳跃
VS
1.标志对比
a. 松桃苗食用山、牛角、四面鼓元素，构成松桃苗食的标志。
b. 芳跃用苗族头饰和芳跃字体，构成芳跃的标志。
总结：对比两个品牌的商标，松桃苗食较芳跃更有美感。
2.广告创意对比
a. 松桃苗食主要突出产品本身颗粒饱满、质脆香浓、入口香甜的品质。
b. 芳跃主要突出自然遗产梵净山麓。
总结：两者的广告主题各有千秋。
3.广告色彩对比
a. 松桃苗食广告以蓝色和土黄色相配，对比度大，给人一种清爽和洁净的感觉，突出产品本身原生态的生长环境。
b. 芳跃广告主要应用绿色，象征着安全、健康环保、原生态。
总结：两个品牌在广告色彩上，松桃苗食比芳跃更有冲击力。

(f)

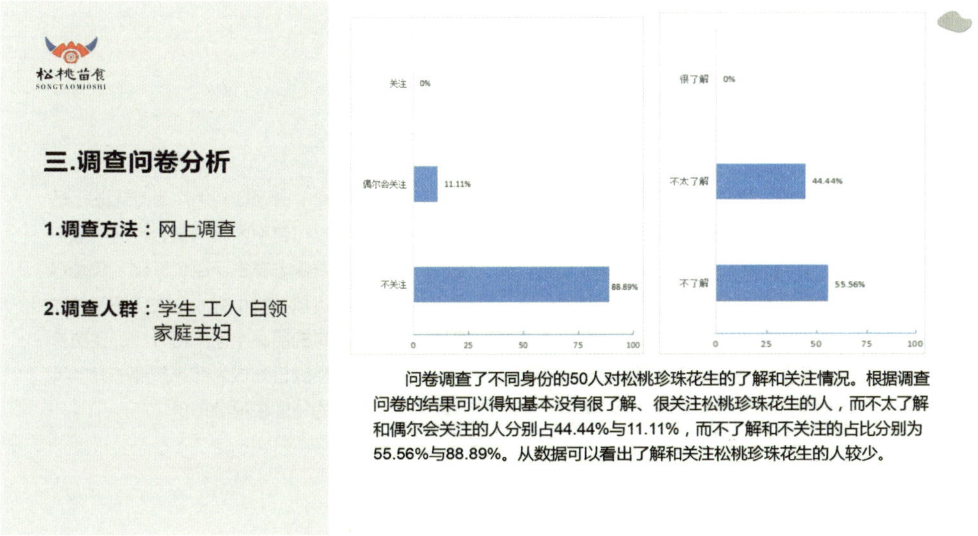
松桃苗食
SONGTAOMIOSHI
三.调查问卷分析
1.调查方法：网上调查
2.调查人群：学生 工人 白领 家庭主妇
关注 0%
偶尔会关注 11.11%
不关注 88.89%
0 25 50 75 100
很了解 0%
不太了解 44.44%
不了解 55.56%
0 25 50 75 100
问卷调查了不同身份的50人对松桃珍珠花生的了解和关注情况。根据调查问卷的结果可以得知基本没有很了解、很关注松桃珍珠花生的人，而不太了解和偶尔会关注的人分别占44.44%与11.11%，而不了解和不关注的占比分别为55.56%与88.89%。从数据可以看出了解和关注松桃珍珠花生的人较少。

(g)

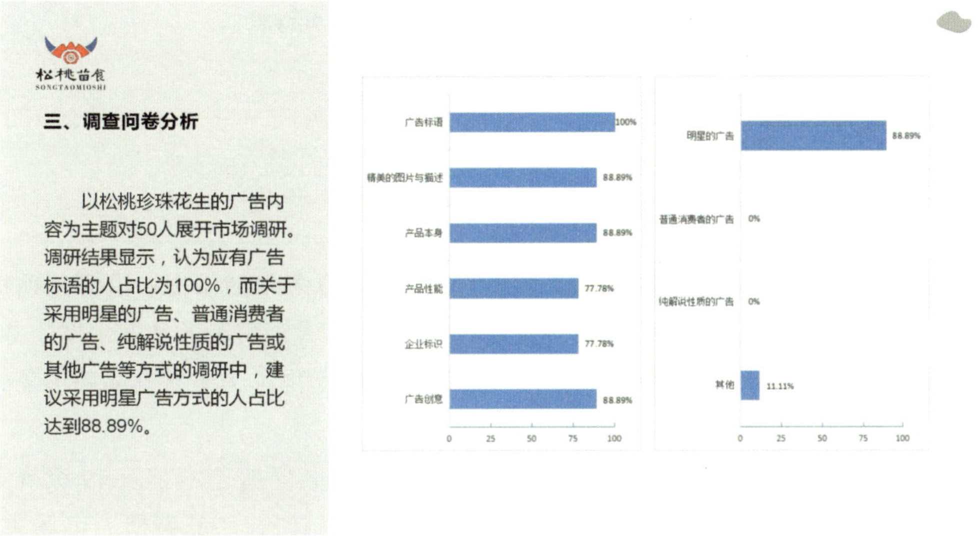
松桃苗食
SONGTAOMIOSHI
三、调查问卷分析
以松桃珍珠花生的广告内容为主题对50人展开市场调研。调研结果显示，认为应有广告标语的人占比为100%，而关于采用明星的广告、普通消费者的广告、纯解说性质的广告或其他广告等方式的调研中，建议采用明星广告方式的人占比达到88.89%。
广告标语 100%
精美的图片与描述 88.89%
产品本身 88.89%
产品性能 77.78%
企业标识 77.78%
广告创意 88.89%
0 25 50 75 100
明星的广告 88.89%
普通消费者的广告 0%
纯解说性质的广告 0%
其他 11.11%
0 25 50 75 100

(h)

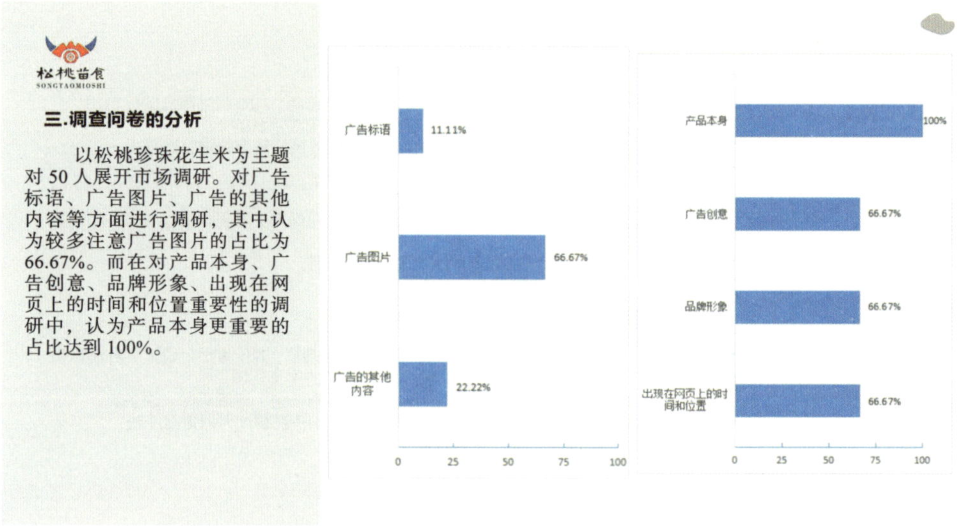

(i)

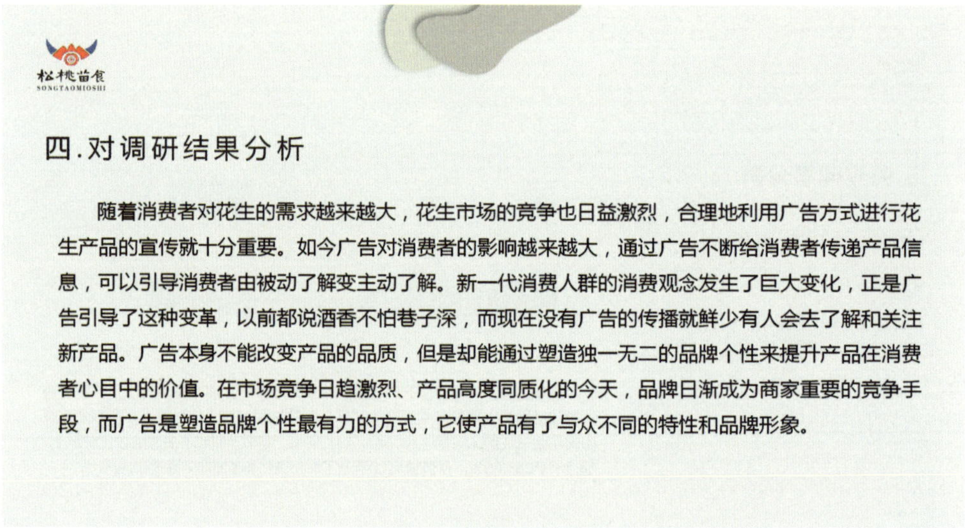

(j)

图 2-1-2 “松桃珍珠花生米”广告市场调研报告

▲设计者：19 级视觉传达设计专业　龙继忠

指导老师：周祺芬

■ 项目实训三：“沿河沙子空心李”广告市场调研报告

项目描述

贵州省沿河县特色水果沙子空心李的栽种距今已经有 300 多年的历史。沿河县独特的自然环境培育出了营养丰富且品质较好的沙子空心李，此水果深受广大消费者的欢迎，并于 2006 年获得产品地理标志，近年来，“沿河沙子空心李”的市场需求不断增加，为了解其品牌形象，我们展开了此次调查。

“沿河沙子空心李”广告市场调研报告（见图 2-1-3）由铜仁学院艺术学院 19 级视觉传达设计专业的学生满海霞撰写、教师周祺芬指导。调研报告从背景调研、产品调研、市场竞争性调研、调查结果分析几个方面着手设计。

成果赏析

“沿河沙子空心李”
广告市场调研报告

（aa）

目 录
01 背景调研
02 产品调研
03 市场竞争性调研
04 调研结果分析

（ab）

一、背景调研

（ac）

1. 调研背景

贵州省沿河县特色水果沙子空心李的栽种距今已经有 300 多年的历史。沿河县独特的自然环境培育出了营养丰富且品质较好的沙子空心李，此水果深受广大消费者的欢迎，并于 2006 年获得产品地理标志。

近年来，沿河沙子空心李的市场需求不断增加。

（ad）

2. 调研目的

沿河沙子空心李作为铜仁周边的地标性土特产之一，是推动当地经济发展的重要力量，具有鲜明的代表性。因此对沿河沙子空心李进行调研，可以更好地了解其在铜仁周边及外省的影响力，便于分析沿河沙子空心李的市场影响力、消费群体、销售现状等，从而调整沿河空心沙子李的种植和售卖方式以应对市场需求。

（ae）

3. 调研流程

（1）了解产品。

（2）制订调研计划。

（3）整合信息。

（4）发布问卷。

（5）分析问卷及信息。

（af）

二、产品调研

（ag）

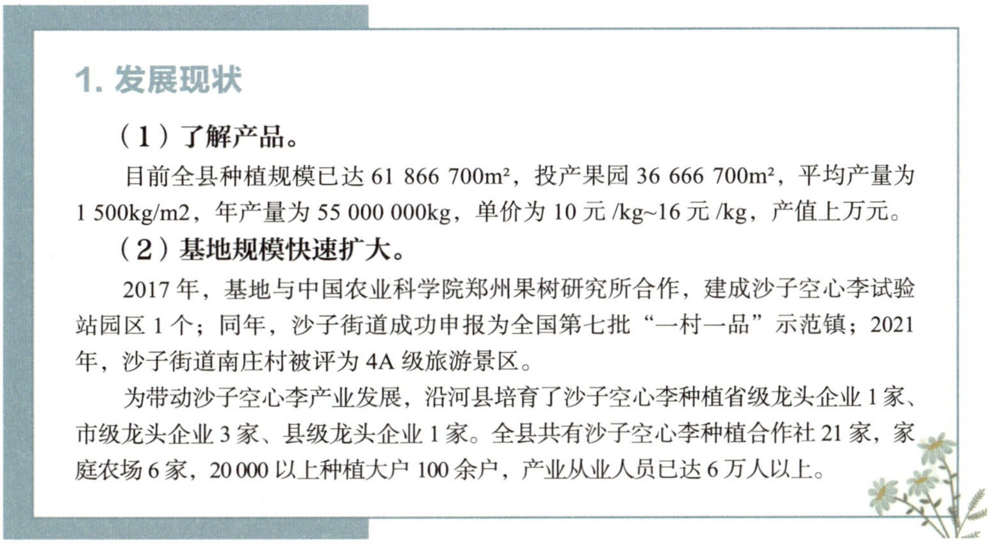
1. 发展现状
（1）了解产品。
目前全县种植规模已达 61 866 700m²，投产果园 36 666 700m²，平均产量为 1 500kg/m2，年产量为 55 000 000kg，单价为 10 元 /kg~16 元 /kg，产值上万元。
（2）基地规模快速扩大。
2017 年，基地与中国农业科学院郑州果树研究所合作，建成沙子空心李试验站园区 1 个；同年，沙子街道成功申报为全国第七批“一村一品”示范镇；2021 年，沙子街道南庄村被评为 4A 级旅游景区。
为带动沙子空心李产业发展，沿河县培育了沙子空心李种植省级龙头企业 1 家、市级龙头企业 3 家、县级龙头企业 1 家。全县共有沙子空心李种植合作社 21 家，家庭农场 6 家，20 000 以上种植大户 100 余户，产业从业人员已达 6 万人以上。

（ah）

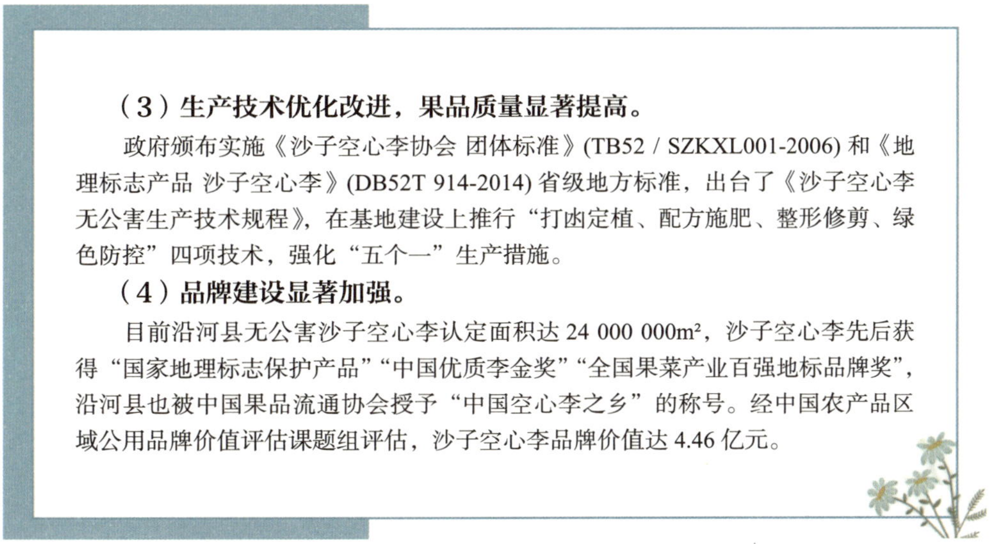
（3）生产技术优化改进，果品质量显著提高。
政府颁布实施《沙子空心李协会 团体标准》(TB52 / SZKXL001-2006) 和《地理标志产品 沙子空心李》(DB52T 914-2014) 省级地方标准，出台了《沙子空心李无公害生产技术规程》，在基地建设上推行“打凼定植、配方施肥、整形修剪、绿色防控”四项技术，强化“五个一”生产措施。
（4）品牌建设显著加强。
目前沿河县无公害沙子空心李认定面积达 24 000 000m²，沙子空心李先后获得“国家地理标志保护产品”“中国优质李金奖”“全国果菜产业百强地标品牌奖”，沿河县也被中国果品流通协会授予“中国空心李之乡”的称号。经中国农产品区域公用品牌价值评估课题组评估，沙子空心李品牌价值达 4.46 亿元。

（ai）

2. 发展历史

据沿河县志记载，沙子空心李从1858年起在沙子镇沙坝村一带栽种。

1987年9月21日，时任贵州省委书记的胡锦涛同志到沿河县沙子区视察工作时，充分肯定了沙子空心李的优良品质，要求沿河县要因地制宜，认真做好特色产品的发展工作，为贫困山区农民脱贫致富走出一条新路子。

1988年，县政府成立农业产业化领导小组，把沙子空心李作为重点支柱产业进行扶持，沙子镇、中界乡成立了沙子空心李发展领导小组，抽调相关业务人员组成沙子空心李生产技术指导组，并从县农业农村局、省农业农村厅、省农业科学院聘请专家到现场调研，综合规划，在规划区实行大规模栽种，建立了沙子空心李生态示范园区。

（aj）

3. 广告宣传

沙子空心李有一定的知名度，但不算很大，在几十年前比较有知名度，相关媒体如凤凰网、搜狐网进行过报道，沿河县政府微信公众号上也有推广，但没有具有识别度的广告视频、海报及广告语，推广基本依靠人们口口相传。

（ak）

三、市场竞争性调研

（al）

1. 竞争对手分析

重庆巫山脆李

重庆巫山脆李又名“巫山大李子”“脆李”，经考证，其种植始于唐宋年间，距今已有上千年历史，巫山脆李果形端庄、质地脆嫩、汁多味香，产品远销四川、贵州、湖北等地。

2012 年，巫山县与西南大学建立了县校合作关系，借助西南大学的技术、人力资源，立足自身土地资源、气候、交通自然条件和脆李产业发展基础，大力实施巫山脆李品种提纯选优与安全高效生产技术示范，推进产业规模化、标准化、品牌化进程。2014 年 5 月，经中国果品流通协会评定，授予重庆巫山脆李“中华名果”称号，其产地巫山县也被授予“中国脆李之乡”称号。

（am）

2. 沿河沙子空心李知名度分析

沿河沙子空心李在贵州当地广为人知，在周边省份也有一定知名度，树立了一定的品牌形象，但因为没有好的广告和包装，且产业链较为杂乱，所以品牌形象在全国范围内没有得到很好的宣传。

（an）

3. 与竞争对手相比的优缺点

优点

（1）只有沿河县才产的特殊产品，独具特色。

（2）获得荣誉众多。

（3）地域特征明显。产品外包装上绘有沿河的乌江画廊、武陵山脉等地域特色形象。

（4）7 月成熟，8 月下市，一年只可以品尝一个月，稀少且珍贵。

缺点

（1）二者都没有较为有设计感的广告插画，用的都是市面上常见的图片。

（2）无具有识别性的标志与标准字。

（3）宣传力度不够。

（4）没有针对各年龄阶段开发其他产品。

（ao）

四、调研结果分析

（ap）

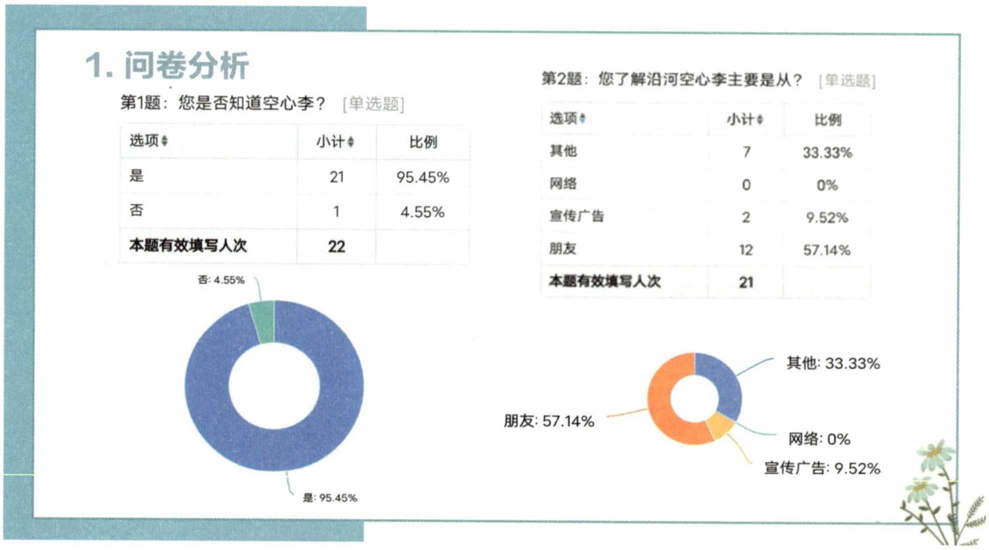
1. 问卷分析
第1题：您是否知道空心李？［单选题］
选项 小计 比例
是 21 95.45%
否 1 4.55%
本题有效填写人次 22
否：4.55%
是：95.45%
第2题：您了解沿河空心李主要是从？［单选题］
选项 小计 比例
其他 7 33.33%
网络 0 0%
宣传广告 2 9.52%
朋友 12 57.14%
本题有效填写人次 21
其他：33.33%
朋友：57.14%
网络：0%
宣传广告：9.52%

（aq）

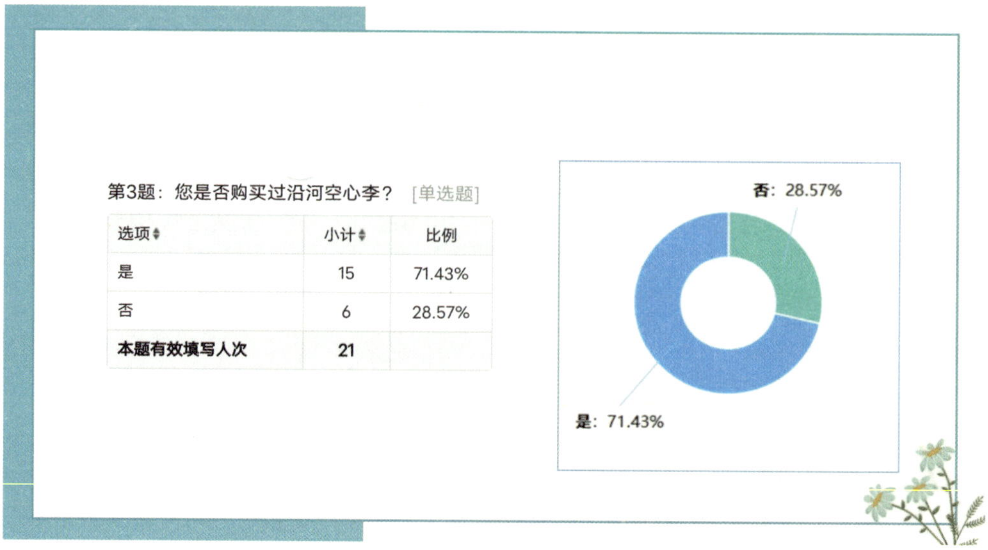
第3题：您是否购买过沿河空心李？［单选题］
选项 小计 比例
是 15 71.43%
否 6 28.57%
本题有效填写人次 21
否：28.57%
是：71.43%

（ar）

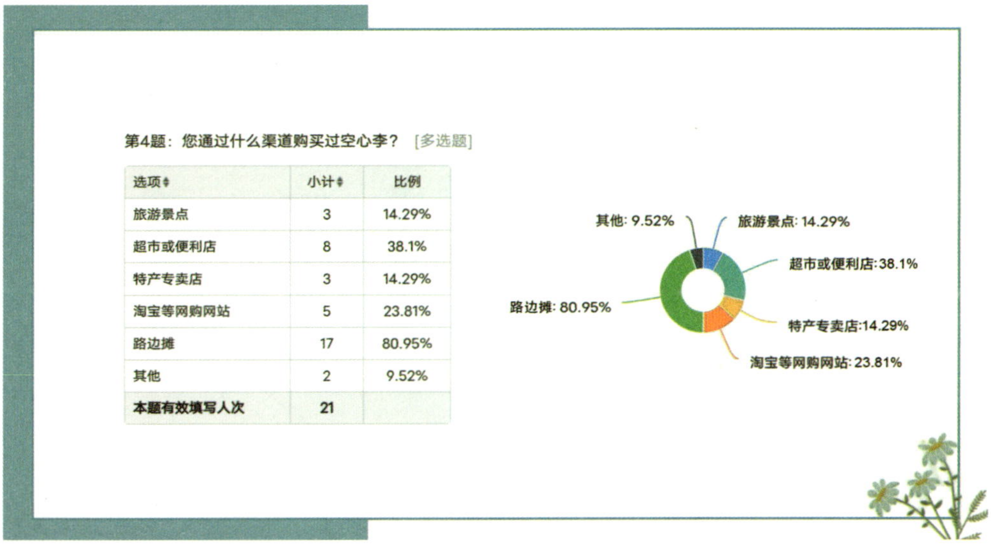
第4题：您通过什么渠道购买过空心李？ [多选题]

选项	小计	比例
旅游景点	3	14.29%
超市或便利店	8	38.1%
特产专卖店	3	14.29%
淘宝等网购网站	5	23.81%
路边摊	17	80.95%
其他	2	9.52%
本题有效填写人次	21	

其他：9.52%
旅游景点：14.29%
超市或便利店:38.1%
路边摊：80.95%
特产专卖店:14.29%
淘宝等网购网站：23.81%

（as）

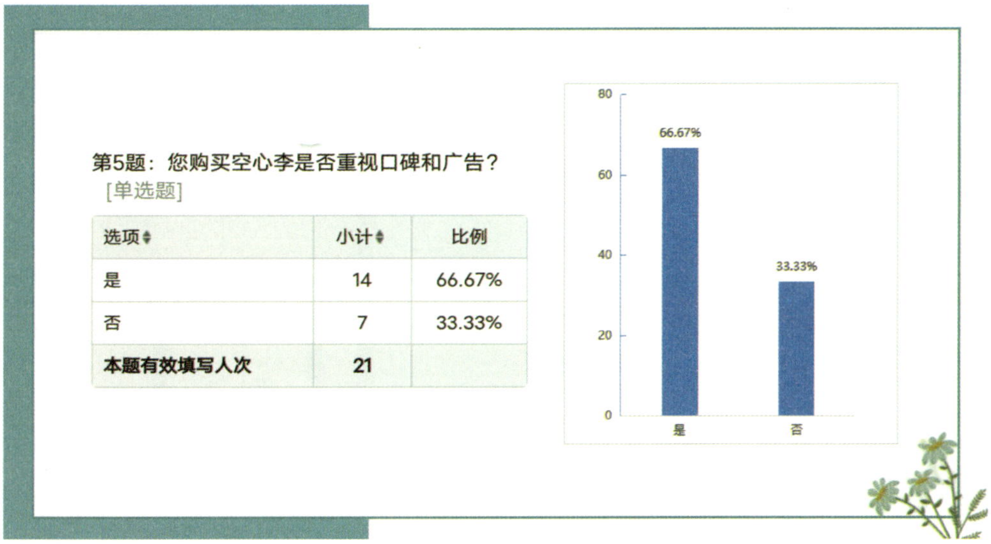
第5题：您购买空心李是否重视口碑和广告？ [单选题]

选项	小计	比例
是	14	66.67%
否	7	33.33%
本题有效填写人次	21	

80
60
40
20
0
66.67%
33.33%
是
否

（at）

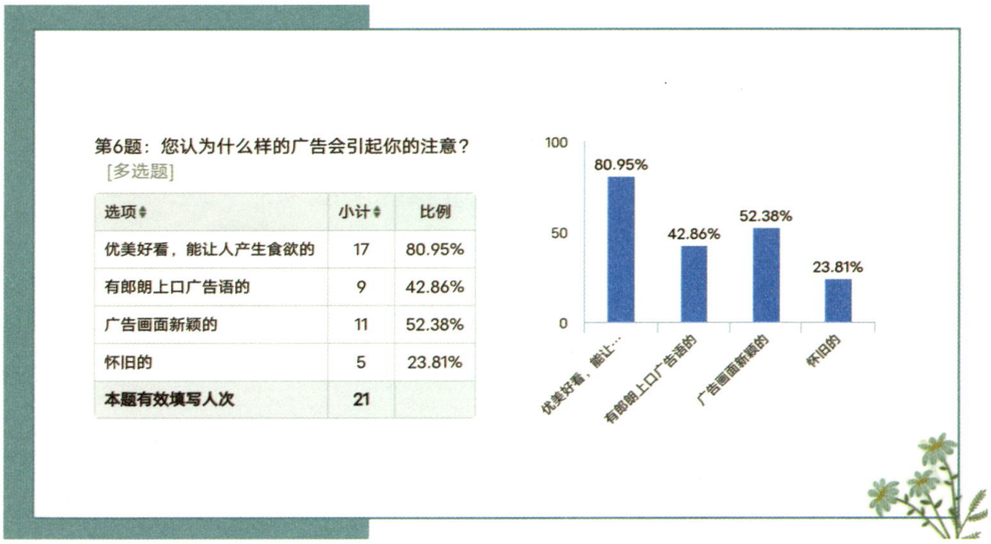
第6题：您认为什么样的广告会引起你的注意？ [多选题]

选项	小计	比例
优美好看，能让人产生食欲的	17	80.95%
有郎朗上口广告语的	9	42.86%
广告画面新颖的	11	52.38%
怀旧的	5	23.81%
本题有效填写人次	21	

100
50
0
80.95%
42.86%
52.38%
23.81%
优美好看，能让...
有郎朗上口广告语的
广告画面新颖的
怀旧的

（au）

第7题：您最注重空心李的哪些地方？［多选题］

选项	小计	比例
口味	20	95.24%
价格	15	71.43%
卫生	17	80.95%
产地和知名度	9	42.86%
包装	7	33.33%
广告	4	19.05%
本题有效填写人次	**21**	

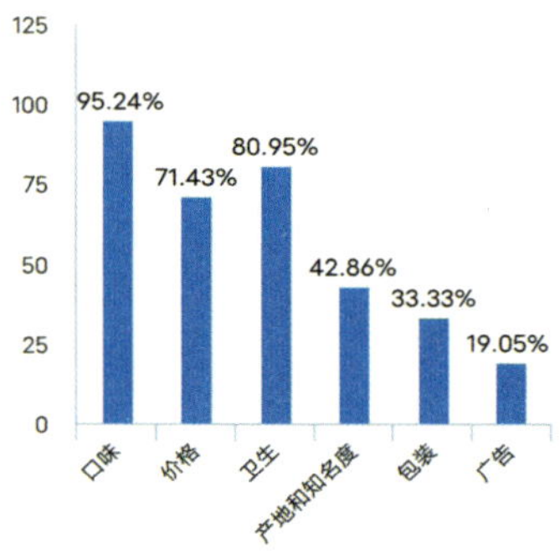

（av）

第8题：您购买空心李的原因是？［多选题］

选项	小计	比例
自己食用	20	95.24%
送朋友	9	42.86%
送领导	2	9.52%
送客户	0	0%
其他	7	33.33%
本题有效填写人次	**21**	

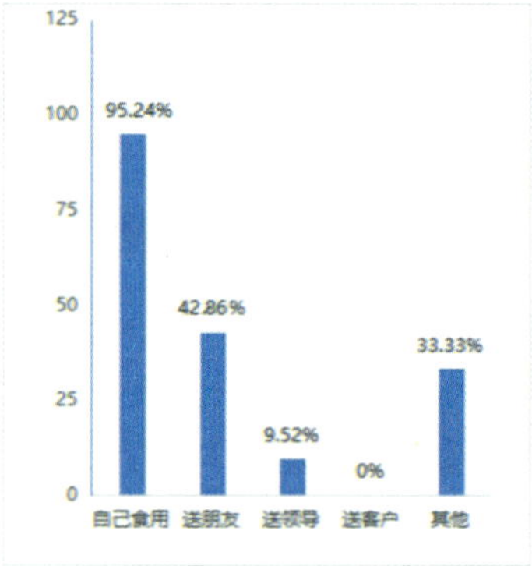

（aw）

第9题：在购买空心李满意的情况下会推荐给身边的朋友吗？［单选题］

选项	小计	比例
会	15	71.43%
不会	2	9.52%
被问到时会推荐	4	19.05%
本题有效填写人次	**21**	

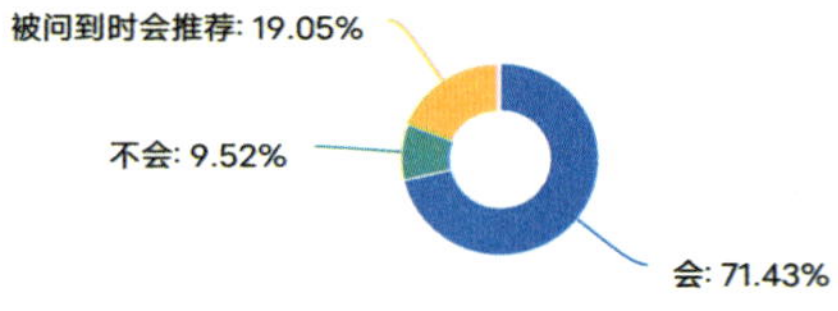

（ax）

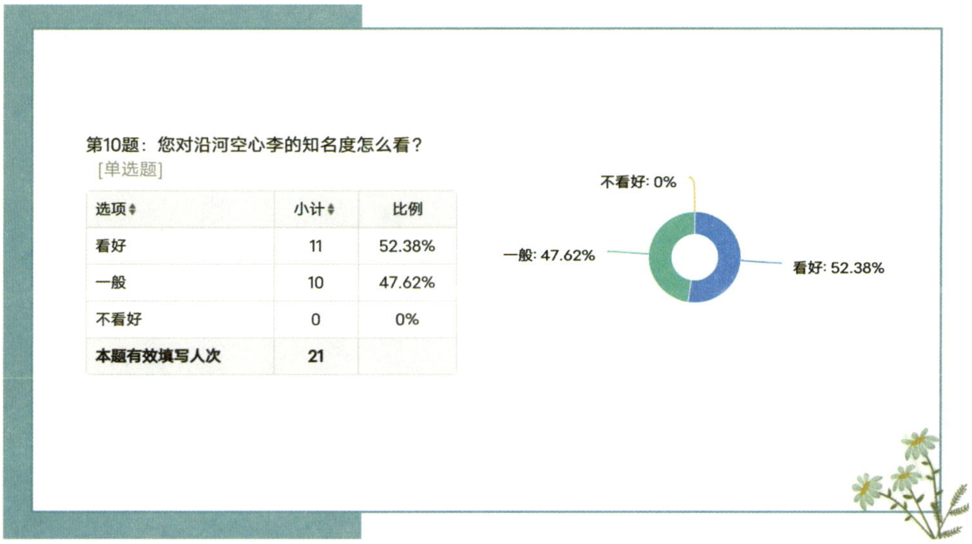

选项	小计	比例
看好	11	52.38%
一般	10	47.62%
不看好	0	0%
本题有效填写人次	**21**	

（ay）

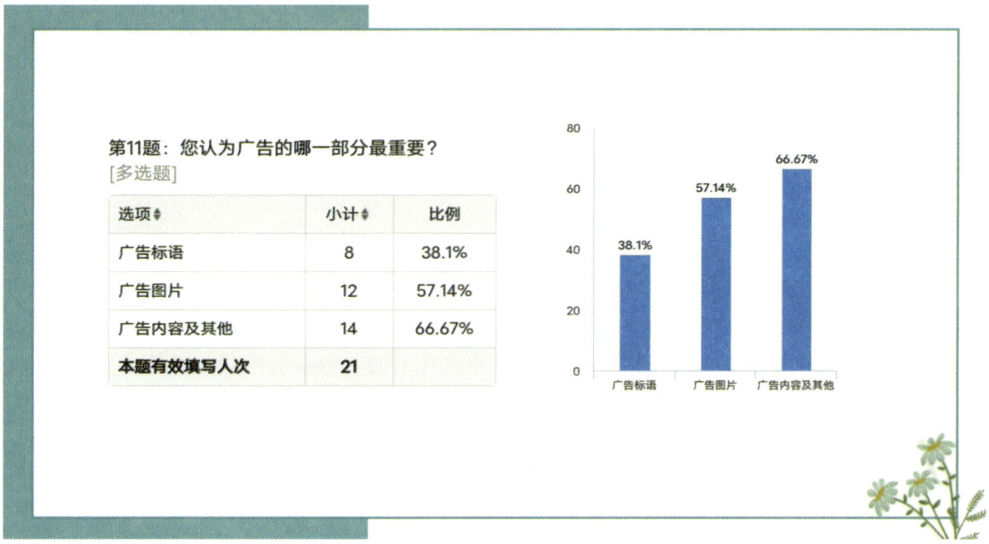

选项	小计	比例
广告标语	8	38.1%
广告图片	12	57.14%
广告内容及其他	14	66.67%
本题有效填写人次	**21**	

（az）

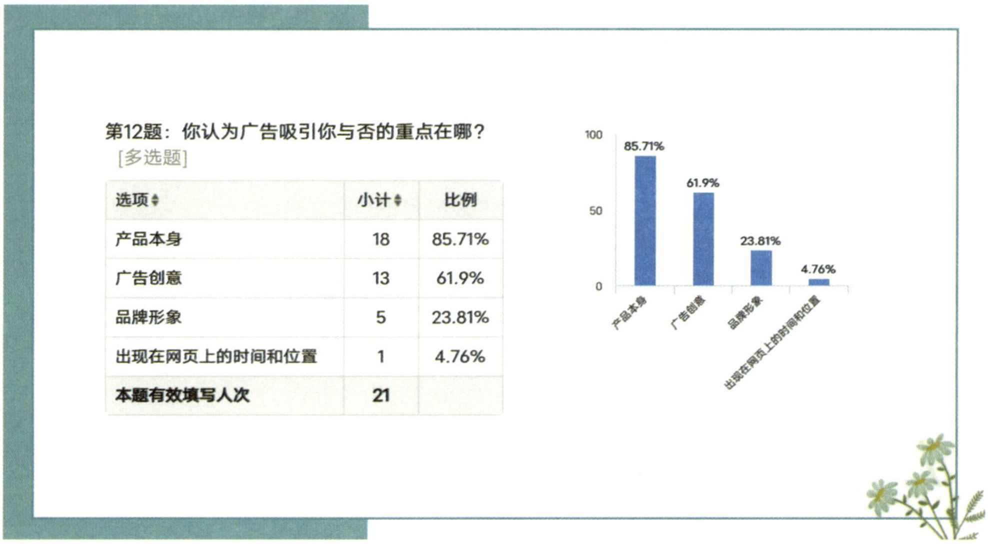

选项	小计	比例
产品本身	18	85.71%
广告创意	13	61.9%
品牌形象	5	23.81%
出现在网页上的时间和位置	1	4.76%
本题有效填写人次	**21**	

（ba）

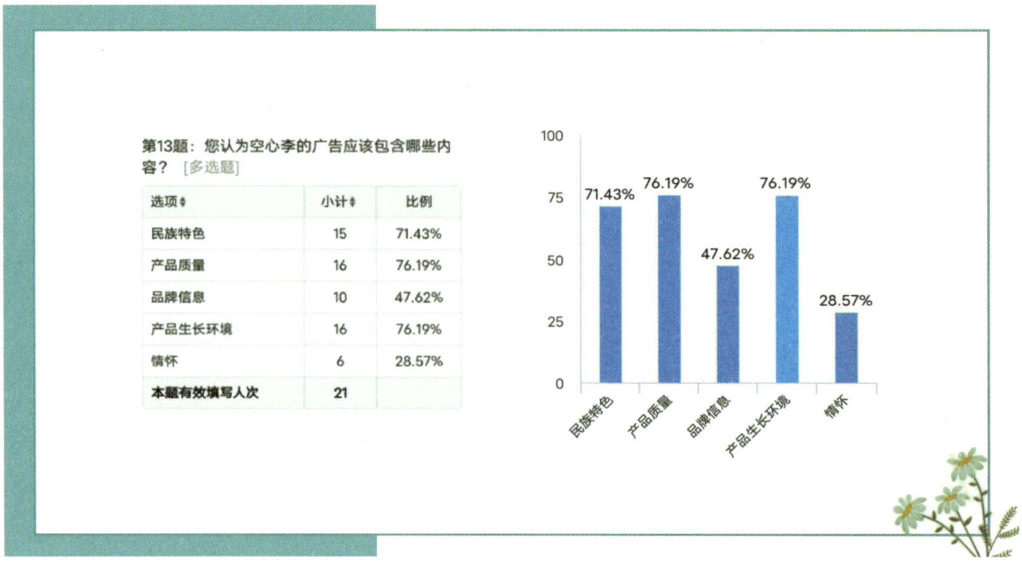

第13题：您认为空心李的广告应该包含哪些内容？ [多选题]

选项	小计	比例
民族特色	15	71.43%
产品质量	16	76.19%
品牌信息	10	47.62%
产品生长环境	16	76.19%
情怀	6	28.57%
本题有效填写人次	21	

（bb）

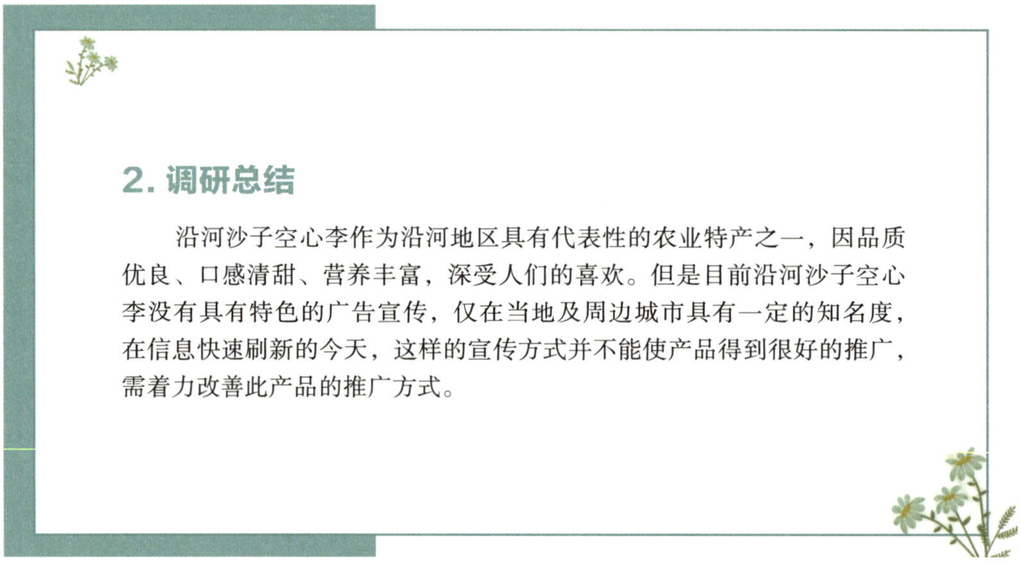

2. 调研总结

沿河沙子空心李作为沿河地区具有代表性的农业特产之一，因品质优良、口感清甜、营养丰富，深受人们的喜欢。但是目前沿河沙子空心李没有具有特色的广告宣传，仅在当地及周边城市具有一定的知名度，在信息快速刷新的今天，这样的宣传方式并不能使产品得到很好的推广，需着力改善此产品的推广方式。

（bc）

图 2-1-3 “沿河沙子空心李”广告市场调研报告

▲设计者：19 级视觉传达设计 满海霞

指导教师：周祺芬

■ 实训活动：撰写广告市场调研报告

活动目标

（1）通过对地方企业或者产品的调研，了解市场与广告的关系，并进行准确的广告定位。

（2）完成对广告市场调研结果的分析与统计，为后期的广告设计与策划奠定良好的基础。

活动准备

联系本地企业，深入企业中展开广告市场调研。

活动步骤

（1）选取本地某企业或者某产品展开广告市场调研。

（2）分析企业或者产品的背景、文化、定位、竞争对手、广告形式等。

（3）设置相关广告问卷题目，在线发放问卷。

（4）统计并分析问卷数据。

（5）得出广告市场调研结论。

感悟与评价

（1）活动感悟。谈谈你在对地方企业或者产品进行广告市场调研的过程中有何心得体会。

（2）活动评价（见表 2-1-3）。

表 2-1-3 撰写市场调研报告活动评价表

评价内容	评价标准	活动评价		
		学生自评	学生互评	教师评价
选取对象	对象选取的合理性	☆☆☆	☆☆☆	☆☆☆
品牌定位	品牌定位的合理性	☆☆☆	☆☆☆	☆☆☆
发放问卷 统计数据	问卷的设置及数据统计的合理性与规范性	☆☆☆	☆☆☆	☆☆☆
合计		共计______☆		

任务二 广告战略策划

一、课程要求

任务目标：通过对广告战略策划的学习，熟悉不同条件下的广告策划定制，形成完整的理论体系架构。学会分析案例，能够解决实际问题，掌握广告战略策划的基本概念、内容、特征、指导思想。运用理论与实践相结合的方法，通过实践性教学环节，学生能够学会分析产品、分析市场、分析竞争对手和目标消费人群，能够完成广告策略单设计，学会制订广告战略策划。

任务时间：4 学时。

任务作业：广告策略单设计。

二、探索新知

（一）广告战略策划的概念

广告战略策划是广告策划的中心环节，是广告活动成败的决定性因素。广告设计者在进行广告战略策划时，首先应明确广告战略策划的概念。

1. 战略

战略是军事用语，《现代汉语词典》中将“战略”释义为“指导战争全局的计划和策略”。《辞海》中提及：“战略也泛指重大的、带有全局性和决定性的计谋。”

2. 广告战略策划

“战略”这一用语在广告学中被称为“广告战略”，广告战略策划是指对整个广告活动的指导思想、目的、原则的宏观谋划。

（二）广告战略策划的主要内容

广告战略策划主要分为广告目标、广告对象、广告诉求重点、广告表现、广告媒介等内容（见表 2-2-1）。

表 2-2-1　广告战略策划

要点	内容
广告目标	预期效果
广告对象	广告受众
广告诉求重点	宣传重点
广告表现	抽象、具体、插画等表现形式
广告媒介	书籍、杂志、网络、公众号等媒介

广告目标是通过广告战略策划的实施所要达到的预期效果；广告对象是指广告受众；广告诉求重点是要突出宣传的重点；广告表现是广告诉求转化为生动、具体的广告作品的最终表现形式；广告媒介属于广告信息的物质载体。广告战略策划是企业为了适应千变万化的市场环境而在广告活动中采取的宣传策略。企业和产品类型不同，制订的广告战略策划也各有差异。

（三）广告战略策划的特征

成功的广告战略策划具有以下基本特征。

1. 全面性和长期性

广告战略策划是对整个广告活动总的指导思想和整体方案的谋划，应服务于企业营销战略，也应着眼于广告活动的全部环节。广告战略策划作为广告活动的整体规划和总体设计，在制订时需考虑广告在整体上持什么态度、坚持什么原则、把握什么方向。广告战略策划统率着广告活动的整个环节，贯穿始终，具有全面性和长期性的特征。

2. 科学性和创新性

广告活动应建立自己独特的风格，进行创新性发展，同时也应遵循科学性原则，使其符合现代化要求。

3. 指导性和方向性

广告战略策划是企业广告策划的核心，广告战略策划的确定对广告策划、广告创意、广告设计与制作具有指导性意义。同时广告战略策划还确定了整个广告活动的发展方向，引导其在特定的目标条件下实施。

4. 对抗性与稳定性

广告是商品经济的产物，商品经济必然会出现市场竞争，有些广告战略策划会针对主要竞争对手的广告意图制订相关内容，具有一定的对抗性。广告战略策划是在市场调研的基础上制订的，对整个广告活动具有指导作用，广告战略策划在一定时期内是稳定的，不能随意更改，具有相对稳定性。

（四）广告战略策划的指导思想

广告战略策划的指导思想是广告活动的指南。广告策划者要加强对广告活动意义的认识，清楚广告活动对企业经营的影响，同时也需要对广告活动达到的效果进行预评定。广告战略策划中的思想观念往往决定了广告活动的基本特征和价值取向，广告战略策划的指导思想主要有以下几个方面。

1. 积极进取的思想

有积极进取思想的广告战略策划者十分重视广告的作用，他们希望通过积极的广告宣传提高产品的市场竞争力，拓宽产品自身的影响范围，积极争取市场领导者的地位。

2. 高效集中的思想

有着高效集中思想的广告战略策划者对广告的近期利益十分重视。他们以集中的广告投资和大规模的广告宣传，使产品在某一市场或者某一时间段内形成绝对的广告竞争优势，能够在短期内取得明显的市场效果。持这种观念的广告战略策划需要企业具有雄厚的经济实力，能够达到集中投资、即时见效的目的。在市场中，有些产品的生命周期较短，适合采用有着高效集中思想的广告战略策划，但其风险也相对较大。

3. 长期渗透思想

持有长期渗透的思想的广告战略策划者非常重视广告的长期效应。如果产品的生命周期较长，那么企业在广告宣传上即时生效的难度较大，需要花费较长时间、付出较高的代价。因此，企业通常会采取长期渗透思想的广告战略策划，逐步建立企业目标市场上的竞争优势。

4. 稳健持重的思想

持着稳健持重思想的广告战略策划者对广告的作用也较为重视，但在思想和行为上却表现谨慎，难以轻易改变自己的战略决策，他们主要将企业的现有市场地位和利益作为主要目标，很少有进一步扩张的打算。

5. 消极保守的思想

持消极保守思想的广告战略策划者对广告的作用缺乏重视，在思想和行动上表现得消极、被动。持消极保守思想的广告战略策划一般在产品畅销时就会选择停止广告宣传，有些企业在处于垄断地位或者因市场环境的原因而缺乏外在的竞争压力时，会更愿意采用持有消极保守思想的广告战略策划。

（五）广告策略单的设计

广告策略单是在广告公司内部作业环节中，用文字以统一的格式表述出来的一种文件，是用以指导广告创意活动的指引性策略，常被称为“创意简报”。

1. 广告策略单的内容

广告策划者设计广告策略单时要运用简洁、准确的语言将创意策略传达给设计人员，设计人员按照创意策略执行。只有广告策略单与创意策略协调一致，广告活动才能达到最佳的创意效果。广告策略单的内容主要有以下几个方面。

1）业务背景

业务背景可以从产品和品牌的关键特征、品牌发展现状与原因、市场状况及未来发展趋势、主要竞争对手的表现等几个方面着手，通过分析这些业务背景找准品牌在市场中面临的机遇和挑战。

2）沟通目的

沟通目的主要是从广告需要实现的任务或者需要达到的效果、需要解决的问题以及期望消费者看到广告后的态度等几个方面来撰写。

3）品牌定位

品牌定位包括品牌在消费者心中占据的地位、品牌的历史、广告活动的运行轨迹以及此次广告需要继承的品牌资产等。

4）目标受众

了解产品针对的消费者人群，分析目标消费者的社会特征、消费者的心理和行为、消费者如何购买和使用产品以及消费者的具体需求和想法，确定产品的目标受众。

5）广告诉求

明确在广告中要说什么，这是创意策略的核心，也是广告提供给消费者的信息与承诺；对于竞争对手而言，广告诉求就是品牌最大的优势或特点。特别需要强调的是，广告策略单设计要写单一的信息，即只写出对目标受众最具鼓动力或与竞争产品最具区隔性的内容。

6）工作内容

工作内容即简要说出本次广告的主要工作要求，告知设计人员需要做什么。

7）支持点

支持点主要包括广告诉求的理由、品牌方如何实现广告提供的承诺、消费者选择相信是出于何种缘由等内容。

8）品牌调性

品牌调性是广告输出的基调和品牌个性的彰显，由其可以确定品牌的具体风格是传统还是时尚；是具有科技感还是更有人情味；是强调冲击力还是强调亲和力。

9）必要元素

必要元素是广告中出现的必要信息，如品牌 LOGO、电话、网址以及法律与道德规范上的考虑要素等。

10）完成时间及执行人

明确执行人员和完成时间，才能保证广告的品质，保证工作依照策略按时完成。

广告策略单是策略思考的体现，撰写广告策略单重在规范每一项工作的策略性思考过程，不必完全拘泥于广告策略单的内容和格式。简单的创意作业的广告策略单考虑因素较少，如招聘广告。

2. 广告策略单的形式

广告策略单的形式一般有以下几种（见表 2-2-2 至表 2-2-6）。

表 2-2-2　广告策略单形式一

客户：	品牌：	
1	广告必须面对的机会点与问题点？	
2	广告播出会让人们想做什么？	
3	我们要跟谁说？	
4	从广告中我们想得到什么样的大众反应？	
5	什么信息或特征有助于产生这种反应？	
6	广告应表达品牌个性中的什么方面？	
7	有媒介或预算的考虑吗？	
8	广告还有其他方面的帮助吗？	
书写人：	日期：　年　月　日　时	
批准人：	日期：　年　月　日　时	

表 2-2-3　广告策略单形式二

客户：	品牌：	
1	品牌定义	
2	广告扮演的角色	
3	竞争范畴	
4	目标市场	
5	消费者此刻如何看待品牌	
6	广告发布后期望消费者有何感受	
7	关键点	
8	支持点	
9	必备条件（规定、限制、法规、预算、LOGO 等）	
策略单准备人：	准备时间：　　年　　月　　日	
客户负责人：	内提时间：　　年　　月　　日	
创意负责人：	完稿时间：　　年　　月　　日	

表 2-2-4　广告策略单形式三

客户：	品牌：	
1	背景	
2	任务	
3	目标受众	
4	目标受众对产品的感受	
5	目标人群对产品的洞察	

续表

6	支持点	
7	广告要求	
8	品牌风格或调性	
9	必要元素	
10	完成时间	
出单人：		
客户部：		
创意部：		

表 2-2-5　广告策略单形式四

客户：	品牌：	
1	为什么要做广告？	
2	我们在与谁交谈？我们对他们有哪些洞察？	
3	在广告投放后，我们希望他们想什么？做什么？	
4	USP（产品卖点）是什么？	
5	USP 的支持点是什么？为什么消费者会相信？	
6	促进（品牌个性或主张的真正动人之处是什么？）	
7	控制（品牌个性或主张、客户、法律等限制的不同之处？）	
书写人：	日期：　　年　　月　　日　　时	
批准人：	日期：　　年　　月　　日　　时	

表 2-2-6　广告策略单形式五

客户：	品牌：	
1	市场状况和品牌回顾	
2	产品特色或品牌个性	
3	延续的资产（以前的主题、音乐、图像等）	
4	问题点	
5	机会点	
6	目标受众	
7	目标受众目前对品牌的看法和做法	
8	广告发布后目标受众的看法和做法	
9	广告提供的利益点	
10	广告提供的支持点	
11	广告涉及的道德、法律等要素	
12	广告策略还缺乏的信息	
13	客户的特别要求	
14	小结：广告想达到的效果	
书写人：	日期：　　年　　月　　日　　时	
批准人：	日期：　　年　　月　　日　　时	

三、项目实训

■ 项目实训一："娃哈哈"广告策略单设计

项目描述

第 15 届全国大学生广告艺术大赛以"创意我百变"为主题，其发布的命题主要有"即时设计""Canva 可画""娃哈哈""100 年润发""雕牌""XPPen"等让青春在创新中铸就梦想等。"娃哈哈"广告策划单主要从品牌名称、产品名称、品牌简介、广告主题、主题解析、产品信息、广告目的、广告形式、建议列入事项、目标群体、相关信息获取、LOGO 及元素等方面进行撰写（见表 2-2-7）。

表 2-2-7 "娃哈哈"广告策略单

品牌名称	"娃哈哈"
产品名称	1. 咖位。 2. "娃哈哈"电解质饮品。
品牌简介	"娃哈哈"创建于 1987 年，在创始人宗庆后的领导下，现已发展成为一家集产品研发、生产、销售为一体的大型食品饮料企业集团，在中国 29 个省、市、自治区建有 80 多个生产基地，180 多家子公司，企业规模和效益连续二十年处于行业领先地位。 公司产品涵盖包装饮用水、蛋白饮料、碳酸饮料、茶饮料、果蔬汁饮料、咖啡饮料、植物饮料、特殊用途饮料、罐头食品、乳制品、医药保健食品等十余类 200 多个品种，其中纯净水、AD 钙奶、营养快线、八宝粥是家喻户晓的国民产品。2013 年，"娃哈哈"设立大学生营销实践基地，2015 年开始参与全国大学生广告艺术大赛，旨在通过竞赛、社会实践等项目，丰富校园文化生活，提高大学生综合能力，提升其职业素养。
广告主题	1. "咖位"："匠心臻萃 自带咖位""真自我 够咖位"或自拟主题。 2. "娃哈哈"电解质饮品："增加活力，奋勇向前"或自拟主题。
主题解析	**一、"咖位"** "娃哈哈'咖位'"甄选云南高山地区阿拉比卡咖啡豆，由 Q-Grader（咖啡品鉴师）监制、SCA（精品咖啡协会）咖啡专家联合主理品控。此外，产品还特别使用德国 Probat（咖啡烘焙设备公司）专业烘焙，定制口感曲线。目前，"咖位"作为"娃哈哈"年度电商大单品，已推出 2 个口味，即鲜萃拿铁与生椰拿铁口味。鲜萃拿铁口味，添加优质新西兰奶源；生椰拿铁口味，特别添加椰子果浆与椰子水，达到纯鲜椰乳的口感，口口醇香，无尽回味，"匠心臻萃，自带咖位"。 在以上产品卖点以外，我们还希望该产品能够满足消费者对咖啡品质的要示和对个性彰显、格调跃升的情感追求，期待看到具有传播张力和销售转化力的方案，能够在精准找到差异化卖点、掀发新品声量的同时，具有较高的落地执行性和市场普适性。 **二、"娃哈哈"电解质饮品** "娃哈哈"电解质饮品是一款含汽型的等渗电解质饮料。这款饮品能够补充人体在运动过程中流失的钾、钠、锌、氯电解质离子，增加活力，时刻维持身体好状态。产品采用等渗技术，并特别添加了烟酰胺、维生素 B6，能够实现多效补水，满足年轻消费者的多元饮用场景需求。

续表

<table>
<tr><td>主题解析</td><td>结合上述产品卖点及“增加活力，奋勇向前”的主题，我们希望看到优质的创意产出与内容创作；我们也期待能够收到关于品牌策略与新品推广创意上的全新思路与想法，帮助目标消费者更立体地认识“娃哈哈”电解质饮品的品牌形象。</td></tr>
<tr><td>产品信息</td><td>一、“咖位”
1. 产品类别：咖啡饮料。
2. 产品口味：鲜萃拿铁、生椰拿铁。
3. 产品口号：“匠心臻萃 自带咖位”。
4. 产品定位：甄选豆种、大师监制、专业烘焙、臻品特添的深烘现萃即饮咖啡。
5. 产品调性：品质格调、大咖之选。
6. 产品卖点：
（1）鲜萃拿铁，添加优质新西兰奶源；生椰拿铁，特别添加椰子果浆与椰子水。
（2）甄选云南高山地区阿拉比卡咖啡豆。
（3）Q-Grader 品鉴师监制，SCA 咖啡专家主理品控。
（4）德国 Probat 专业烘焙，定制口感曲线。
7. 饮用场景：办公学习、休闲玩乐、外出郊游等全场景。
8. 产品规格：280mL、350mL。
二、“娃哈哈”电解质饮品
1. 产品口味：西柚、蔓越莓、柠檬。
2. 产品口号：“增加活力，奋勇向前”。
3. 产品定位：含汽型等渗电解质饮料，满足年轻人多元饮用场景需求。
4. 产品调性：运动、健康。
5. 产品卖点：
（1）补充电解质。补充人体运动过程中流失的钾、钠、锌、氯电解质离子，增加活力，时刻维持身体好状态。
（2）实现多效补水。产品添加了烟酰胺、维生素 B6。烟酰胺为烟酸的化合物来源。烟酸有助于维持皮肤和黏膜健康，是能量代谢中不可缺少的成分，有助于维持神经系统的健康。维生素 B6 有助于蛋白质的代谢和利用。
（3）等渗技术补水。产品渗透压与人体细胞相同，有助于身体细胞吸收水分，消除水盐代谢紊乱，维持体液平衡。
6. 饮用场景：休闲出游、运动等多种场景。
7. 产品规格：530mL。</td></tr>
<tr><td>广告目的</td><td>1. 突出产品定位，在目标人群心中塑造符合产品调性的个性形象。
2. 提升产品在目标人群中的知名度与好感度，吸引消费者购买。</td></tr>
<tr><td>广告形式</td><td>一、平面类
1. 平面广告。
围绕产品调性与广告目的设计一款或系列创意平面广告。
2. 包装设计。
针对包装进行创意涂鸦等图案设计，使其符合目标人群的审美喜好。设计图要包含瓶身设计和箱体设计。
二、视频类
（1）创作 15 秒或 30 秒的横屏视频广告，用于投放在爱奇艺、优酷、腾讯等视频平台或其他社交媒体，按影视广告要求提交。
（2）创作 30~180 秒的创意广告视频，按微电影广告要求提交。
（3）创作 30 秒以内（含 30 秒）的短视频，适合手机端竖屏播放。</td></tr>
</table>

续表

	以上三种视频广告任选其一即可，视频类创作的具体创作要求见《参赛办法》。 特别提醒：不同类别的视频广告对分辨率、时长、参赛组员人数的要求有所不同。 **三、动画类** 创作动画广告（15 秒或 30 秒）。 **四、互动类** 创作手机端的 H5 互动广告。 **五、广播类** 创作 15 秒或 30 秒的广播广告。 **六、策划案类（以下任选其一进行创作）** 1. 校园营销方案类。 创作针对某一高校的推广方案。要求有明确的费用预算及投入产出比测算，执行性强。活动预算单所高校不超过 10 万元人民币。推广方案须包含校内路演宣传现场规划、现场互动方式、活动前线上预热宣传等部分。 2. 整合营销类。 制订营销策划方案，可整合线上传播活动、线下品牌活动、线下促销活动或其他创新广告形式，要求有基本的营销逻辑和明确的内容创意表现（包括但不限于目标消费者洞察、产品定位、传播策略、创意方案、电商渠道承接方式、商超渠道承接方式等），传播推广方案应当具有可执行性，全年推广预算不超过 300 万元人民币。 **七、文案类** 1. 广告语：针对“娃哈哈‘咖位’咖啡”饮品或“娃哈哈”电解质饮品，创作一条广告语（14 字以内）。 2. 长文案：针对知乎、小红书、微博等平台，创作长篇幅的广告文案，可以是广告软文、带有产品植入的故事、有创意的产品体验与反馈等，100~500 字之间，按长文案要求提交。
建议列入事项	1. 每件作品必须体现“娃哈哈”LOGO，可醒目辨识出所推广的产品。 2. 每件作品必须为原创作品，杜绝抄袭及对素材的过度使用。 3. 每件作品均需要符合品牌调性。
目标群体	**一、“咖位”** 以新一线及二线城市 18 至 40 岁学生及白领人群为主，适当补充下沉市场人群。 **二、“娃哈哈”电解质饮品** 热衷传统项目或新兴运动的群体；追求品质，有健康意识的 15 至 30 岁年轻群体。
相关信息获取	网址：“娃哈哈”官网。 命题讨论：QQ 群。
LOGO 及元素	全部素材文件存储于命题素材包中。

■ 项目实训二："Canva 可画"广告策略单设计

项目描述

选取第 15 届全国大学生广告设计大赛中"Canva 可画"这一命题进行广告策略单设计与分析。"Canva 可画"主要从品牌简介、品牌使命、目标群体、产品核心卖点、广告主题、主题解析、广告目的、广告形式、特别福利、相关信息获取、LOGO 及元素等方面进行广告策略单的设计（见表 2-2-8）。

项目任务

表 2-2-8 "Canva 可画"策略单设计

品牌名称	"Canva 可画"
品牌简介	"Canva 可画"是全球领先的视觉传播平台，2013 年诞生于悉尼，2018 年进入中国市场。"Canva 可画"为用户提供零门槛的设计编辑工具，海量免费设计模板和千万级版权素材内容，使不具备任何专业设计技能的"设计小白"，只需简单地拖拽和编辑，就能轻松做出想要的好设计。每月全球 1 亿的用户通过"Canva 可画"，实现市场营销、内容制作、工作汇报中的各类视觉传播目标。至今他们已经在"Canva 可画"上创作了超过 130 亿个作品，平均每秒就有 200 个设计被创建。无数关于设计的美好故事正在发生，被科技创新驱动的设计在更多人的生活中折射出巨大能量。
品牌使命	赋予世界设计的力量（Empowering the world to design）。
目标群体	18 至 30 岁的大学生和年轻职场人。
产品核心卖点	**一、10 万款免费原创设计模板，覆盖校园职场所有使用场景** "Canva 可画"内含 10 万款免费原创设计模板，覆盖 200 多种设计场景，包括海报、社交媒体配图、演示文稿 PPT、简历、文档、白板、视频、动图、单页网站……满足校园、职场用户的各类设计需求。 **二、海量高质版权内容，一站式解决设计素材需求** 产品拥有超过 7000 万版权图片素材，6000 种中英文版权字体，70 万视频素材，5 万音频素材，风格丰富多样，一个平台就能彻底解决各类素材需求，避免用户因随意使用网络上版权不明的素材而产生纠纷。 **三、"零门槛"设计工具，轻松高效做出好设计** 网页端和移动端账号内容同步，随时随地开启设计，自动保存，每次更改不再怕手滑断电。拖拽式操作轻松上手，一键智能配色、一键统一页面样式等功能，有利于提升设计效率。无需任何设计和软件基础，无需任何学习成本，"设计小白"也能轻松做出高水平设计作品。 **四、支持多人在线协作编辑、评论，降低沟通成本** 小组团队可同时在"Canva 可画"里编辑同一份演示文稿、文档或其他设计，为某个页面、素材、某段文字添加评论并 @ 他人，可以在白板中和团队一起头脑风暴，实时记录每个创意灵感迸发的瞬间，实现有效的信息表达。再不用离线文件传来传去，让协作更高效。 **五、一键给视频、图片精准抠图** 智能一键抠图，只需点击一下，等待几秒，产品图、Logo、人像、签名等各类抠图都能完成，精准到抠出发丝，并支持用笔刷做边缘的精细调整。
广告主题	**主题："Canva 可画赋予每个人视觉表达的自由"** 结合上述描述及产品核心卖点，在大学生和年轻职场人中推广"Canva 可画"，吸引目标群体使用产品，广告主题自拟。

续表

主题解析	我们每个人的学习、工作、生活都离不开视觉表达。不仅海报、视频这样的设计物料涉及视觉表达，报告、文档、简历、数据图表等也都需要清晰美观的展现形式。信息的表达形式，影响信息的传达效果，就像版面精致的课堂展示会被老师和同学一眼记住，把想法梳理成视觉化的思维导图更容易让团队成员理解接受。但在传统观念里，设计是个太有门槛的事情，很多人不了解设计知识，或不会使用专业设计软件，再或是缺少设计灵感和素材——总之太多阻碍。“Canva 可画”致力用科技赋能全民设计，消除设计门槛，帮助大家摆脱人力、创意、技能和空间限制，完成想要的视觉表达。 我们希望，“Canva 可画”可以成为每个人的“设计师”。愿大家都能用最美的视觉表达展现心中所想；用最好的视觉表达加速目标达成。大学生和年轻职场人可以通过“Canva 可画”实现以下目标。 **一、实现视觉表达自由，完成更有影响力的视觉传播** “Canva 可画”中有涉及工作、学习多场景的演示文稿、文档、白板、网站、简历等制作模板，能够让每个大学“萌新”、职场新人将学习和工作成果以更简洁美观的表现方式呈现出来，帮助他们实现视觉表达自由。 **二、提升协作能力，在团队合作中一鸣惊人** “Canva 可画”的多人同时在线编辑功能，能够助力大学生与职场人轻松解决传统小组作业、团队合作在制作演示文稿时产生的诸多困扰，能轻松高效地完成演示文稿的制作，有助于提高工作效率。 **三、拥有口袋里的设计师，设计从此不求人** 海量精美模板素材、零门槛编辑器让大学生和职场人在面对社团活动或工作中突如其来的设计需求时，不再需要求助他人或临时上网搜索专业软件教程。使用者可随时随地打开“Canva 可画”，做出专业设计。 **四、增加生活仪式感，享受设计带来的惊喜** 用设计为生活和身边的人带来惊喜，“Canva 可画”能让人们的生活更有仪式感，让人们享受自己动手创作设计的乐趣。
广告目的	1. 塑造“Canva 可画”是“可以创作一切的视觉传播平台”的品牌形象，使“Canva 可画”成为目标群体首选的设计平台。 2. 结合目标人群的实际工作、学习场景，挖掘“Canva 可画”的独特卖点，创作能转化的营销广告内容，吸引大学生和职场人使用“Canva 可画”。 3. 建立长期有效的产品推广机制（裂变分享，口碑营销，社交媒体挑战赛等），大幅提升“Canva 可画”在目标群体中的产品渗透率和使用频率。
广告形式	**一、平面类** 移动端平面广告要围绕广告目的和目标群体调性设计创意平面广告，突出平台定位及特点，结合年轻人喜欢的创意方式，实现目标群体提升对“Canva 可画”的认知水平及好感度。 **二、视频类（三选一）** 1.30 秒的新媒体视频广告，可投放于微信朋友圈、爱奇艺、Bilibili 等渠道，按影视广告要求创作。 2.30~180 秒的创意小视频，按微电影广告要求创作。 3.15 秒以内（含 15 秒）的短视频，适合手机端竖屏播放，适用于抖音、快手等渠道投放使用，创作要求详见《参赛办法》。 **三、动画类** 创作以“30 秒了解‘Canva 可画’”为主题的动画广告（30 秒）。 **四、互动类** 创作手机端的 H5（第五代 HTML，超文本标记语言）互动广告。 **五、策划案类** 二选一，策划案请使用“Canva 可画”演示文稿完成，并在提交的 PDF 文件最后一页附上“Canva 可画”的设计链接。

续表

广告形式	1. 校园营销方案类。 按具体地区策划多所高校联合推广方案（如《“Canva 可画”广州地区高校推广方案》）。要求有明确的费用预算及投入产出比测算，可执行性强。活动预算不超过 100 万元人民币。推广方案须包含前期线上预热宣传、校内路演宣传现场设计图、具体活动内容等部分。 2. 线上营销类。 新媒体互动方案可以是基于微信、微博、小红书、抖音、Bilibili 等平台的传播方案，要求有明确的内容创意表现（包括但不限于微信公众平台图文页、H5、创意海报、短视频等）以及整合传播策略，涵盖官方账号及达人 KOL 等多维度策划。费用预算不超过 100 万元人民币。 **六、文案类** 1. 广告语：品牌口号、广告语，简要表达理念或卖点，富有传播力； 2. 长文案：适用于微博、微信、小红书等内容平台的文案。
特别福利	9 月 10 日—11 月 20 日期间： 参赛选手可将创意作品上传发布至微博、小红书、抖音任一平台，并 @“Canva 可画”官方账号，携带话题“#Canva 可画第 15 届大广赛”。成功完成上述任一种即可参与“Canva 可画”命题“企业特别奖评选”，赢取大奖： 最佳创意奖 3 个：奖金 10000 元 / 个； 设计赋能奖 5 个：奖金 5000 元 / 个。 请关注大广赛官网，届时将公布具体活动规则。
相关信息获取	网页、移动端。
LOGO 及元素	Canva 可画 全部素材文件存储于命题素材包中。

■ 项目实训三：“贵茶集团 · 抹茶”广告策略单设计

项目描述

选取“贵茶集团 · 抹茶”进行广告策略单设计与分析。“贵茶集团 · 抹茶”主要从企业名称、品牌简介、品牌标语、行业痛点、产品信息、目标群体、主题解析、广告目的、广告形式等方面进行广告策略单的设计（见表 2-2-9）。

项目任务

表 2-2-9 “贵茶集团抹茶”策略单设计

企业名称	贵茶集团 · 抹茶
品牌简介	作为国家生态文明试验区的贵州省，近年来大力推进茶叶产业发展，全省茶叶种植面积达 4666km^2，位居全国前列。 位于“中国抹茶之都”铜仁市的贵茶集团有限公司目前已经建成世界最大单体抹茶精制车间，具备每年近 4000000kg 的高品质抹茶产能。从这里走出的抹茶原料及产品不仅畅销国内，还出口 10 余个国家和地区，因此贵茶集团享有“世界抹茶工厂”的美誉。 制作“欧标抹茶”品种，是贵州省目前种植面积最多的绿茶树种“福鼎大白”。
品牌标语	一味品千态。

续表

行业痛点	抹茶品类过于小众，受众面窄。
产品信息	产品调性：原生态、轻盈自在、创新、天然、健康、能够舒缓身心。 品牌定位：依靠生态优势、茶树资源优势、标准优势、技术优势和政府支持，致力于打造原生态、纯天然抹茶。 产品卖点：0 糖 0 脂 0 卡 0 甜味剂 0 防腐剂、原生态的纯天然抹茶。 饮用场景：久坐、熬夜、疲劳、运动。
目标群体	大多为学生，年龄在 18—25 岁这个区间。
主题解析	抹茶始于中国，起源于隋朝，兴于唐而盛于宋。眼下，该产品面向年轻群体，希望向年轻群体传递一种健康、阳光、有活力的生活方式，做想成为的“TA”。希望通过主题创作向年轻群体传达抹茶的共同理念，建立品牌认知。 **主题关键词：**年轻、健康、阳光、活力、智慧、自信、生态、轻盈自在、轻养生、天然。
广告目的	洞察 Z 世代（泛指于 1995—2009 年间出生的一代）年轻群体的喜好和需求，围绕“一味品千态”的核心主题，建立目标群体对品牌的认知度、好感度和美誉度，实现品牌和产品在年轻群体中的快速渗透。
广告形式	**一、平面类** 1. 以“一味品千态”为题，设计平面广告，包括但不仅限于 KV（最核心的视觉设计稿）、海报、条漫。 2. 结合品牌理念和主题，迎合目标群体的审美喜好，设计抹茶系列创意包装，包括但不仅限于瓶身、周边衍生品、线下活动场景。 3. 结合命题主题，为“抹茶”设计专属 IP 形象，IP 形象需具有原创性和辨识度，要迎合目标群体的审美，易于制作并适合在多场景的宣传推广中使用。IP 形象需提交三视图——正视图、侧视图与背视图，并附上详细文字说明。 **二、视频类（三选一）** 结合“贵茶集团·抹茶”的产品理念，制作有传播度甚至可以引导观众自发二创的视频广告。 1. 短视频（不超过 30 秒）：作品要有记忆点和传播度，可在微博、微信、抖音、小红书等平台传播。 2. 创意视频广告（30 秒）：作品能够针对目标群体清晰传达主题，在 TVC（投放在电视台或电梯电视中的广告）、官网宣传等场景使用。 3. 微电影（30~180 秒）：需有贴合主题的完整剧情，可在腾讯视频、爱奇艺、Bilibili 等视频平台传播。 **三、动画类** 发挥天马行空的想象力，创作 15 秒或 30 秒的动画广告。 **四、互动类** 结合主题和年轻人喜好的生活场景，创作移动端 H5 互动广告，创新互动形式，易于引发二次传播。 **五、策划案类** 1. 跨界营销创意策划案。 基于市场调查、竞品分析以及对目标群体喜好、行为习惯等多方面的洞察，结合产品的属性和理念，以“人生百态·抹茶原生态”为主题，制订可落地执行的、线上线下联动的一套营销方案。线上传播平台包括微博、微信、抖音、小红书等，线下活动包括但不限于展览、展示类活动。费用预算不超过 100 万元人民币。 2. 多场景线下营销策划案。 每个赛区选择 1~2 个城市进行，场景在校园、社区、超市、商场中任选其一。基于对不同城市不同场景的人群、环境等因素的深度调研，策划有针对性的线下营销活动，将品牌快速渗透到目标群体中。活动形式不限，单场活动费用预算不超过 10 万元人民币。

■ 实训活动：广告策略单设计

活动目标

（1）根据对企业或者品牌前期的调研基础，确定企业或者品牌的广告战略策划。

（2）根据企业或者品牌的广告战略策划进行广告策略单设计。

活动准备

根据前期的市场调研，对企业或者品牌进行广告策略单的设计。

活动步骤

（1）确定企业或品牌的业务背景、沟通目的。

（2）确定企业或者品牌的定位和目标受众。

（3）确定企业或者品牌的广告诉求、工作内容。

（4）确定企业或者品牌的支持点、品牌调性。

（5）确定企业或者品牌广告策划单的必要元素、完成时间及执行人。

感悟与评价

（1）活动感悟。根据前期的广告市场调研，梳理对地方企业或品牌进行广告战略策划的思路，谈谈在广告策略单设计过程中你的心得和体会。

（2）活动评价（见表 2-2-10）。

表 2-2-10　广告策略单设计活动评价表

评价内容	评价标准	活动评价		
		学生自评	学生互评	教师评价
列定广告策略单的框架结构	广告策略单框架结构的合理性与逻辑性	☆☆☆	☆☆☆	☆☆☆
确定业务背景、沟通目的、定位、目标受众、广告诉求、工作内容、支持点、品牌调性、必要元素、完成时间及执行人	企业或者品牌的业务背景、沟通目的、定位、目标受众、广告诉求、工作内容、支持点、品牌调性、必要元素、完成时间及执行人等内容撰写的合理性与规范性	☆☆☆	☆☆☆	☆☆☆
广告策略单设计的呈现形式	广告策略单呈现形式的创新性与合理性	☆☆☆	☆☆☆	☆☆☆
合计		共计__________☆		

任务三 广告要素表达

一、课程要求

任务目标：通过广告要素的表达，掌握广告设计中文字、图形、色彩三大要素构成的类别和特点，形成系统的理论知识结构体系，运用广告要素的表现方法和思维方式进行设计表达，提高鉴赏能力和实践应用能力。

任务时间：4 学时。

任务作业：广告文字、图形、色彩要素的表达。

二、探索新知

（一）文字要素表达

1. 广告设计字体的类别

（1）印刷字体。广告印刷字体是电脑可输出、编辑的字体，主要指中、外文字库字体。中文常见的印刷字体主要有方正字体、汉仪字体、宋体、仿宋体、黑体、楷书、隶书等，为了使标题突出，又出现了粗黑体、粗圆体、综艺体、琥珀体、POP 广告体、创意美术字等。拉丁字体中常见的字体有古罗马体、现代罗马体、波多尼体、无饰线体、海报体等。广告设计中的字体选择需要根据内容来确定，字体样式不宜过多，可以根据设计的需要调整字距、行距，改变文字的字体、字号、方向、位置等，从而产生丰富的视觉效果（见图 2-3-1 至图 2-3-3）。

图 2-3-1 方正粗圆简体

图 2-3-2　方正少儿简体

图 2-3-3　方正剪纸简体

（2）创意字体。在广告设计中，创意字体被广泛应用。广告创意字体的设计是对特定的文字进行个性化处理，通过视觉表现、创意构成、内在蕴含与外在形式的融合表达文字的内涵特质，使其富有感染力。创意字体通过丰富的联想，运用各种设计表现手法达到形义协调统一的效果。广告字体的创意设计可以不依照具象形字体穿插配合，而是以笔画的多与少、大与小、有与无、增与减以及空间结构的配合进行灵活变化，抽象地表达文字内涵（见图 2-3-4）。

(a)

(b)

(c)

(d)

图 2-3-4　梦幻西游创意字体设计

（3）书法字体。书法字体是中文独有的艺术表现形式，书法字体应用在广告设计中具有独特的韵味和视觉效果。将汉字的形、义和书写特性结合起来，在广告设计中会产生特殊的视觉美感（见图 2-3-5）。

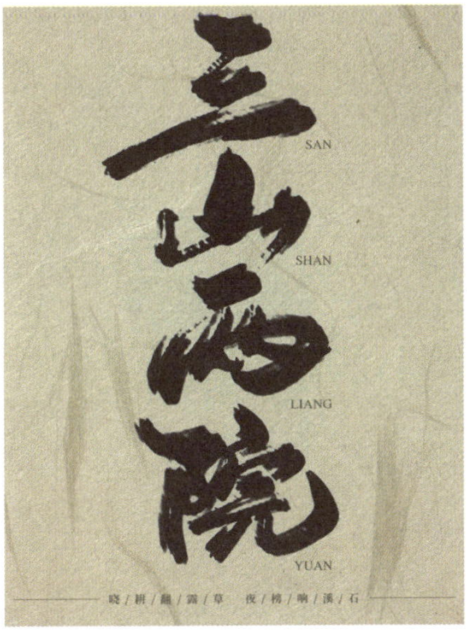

(a)

(b)

（c）

（d）

图 2-3-5 “三山两院”书法字体设计

2. 广告设计字体的表现方法

（1）字体装饰。广告设计中的字体装饰是将文字的全部或者部分进行装饰变化，字体装饰可以通过字体形状和字体背景加以装饰。字体形状装饰即字体形状的装饰变化，字体的形状有方形、三角形、梯形等，在广告设计中可以将具体的文字外形特点加以强调或者变形处理，从而使其具有视觉张力。字体的背景装饰即对字体设计的背景进行装饰处理，主要是为了烘托表现字体，背景只是起到装饰的作用，在做装饰处理时不能过于突显，以免喧宾夺主（见图 2-3-6）。

（a）

（b）

（c）

（d）

图 2-3-6 字体装饰设计

（2）字体笔画连接。通过笔画的连接，联系广告设计中的所有文字，让文字形成一个整体。字体笔画连接的方法可以把相同部位的笔画一贯到头，也可以将相邻字体互相连接，使字形完美，字意富有联想（见图 2-3-7）。

（a）

（b）

（c）

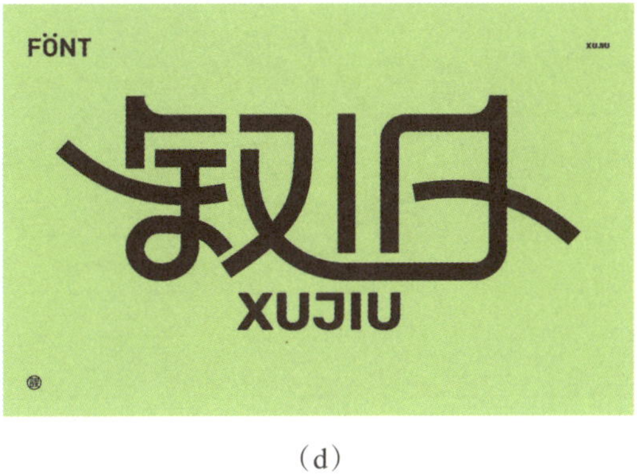

（d）

图 2-3-7 字体笔画连接

（3）字体笔画重叠。字体笔画重叠的方法可以是文字的重叠，也可以是笔画的重叠，重叠的目的是使字体产生立体感，但应该注意重叠的字体需具有识别性，字体之间不能混乱（见图 2-3-8）。

（a）

（b）

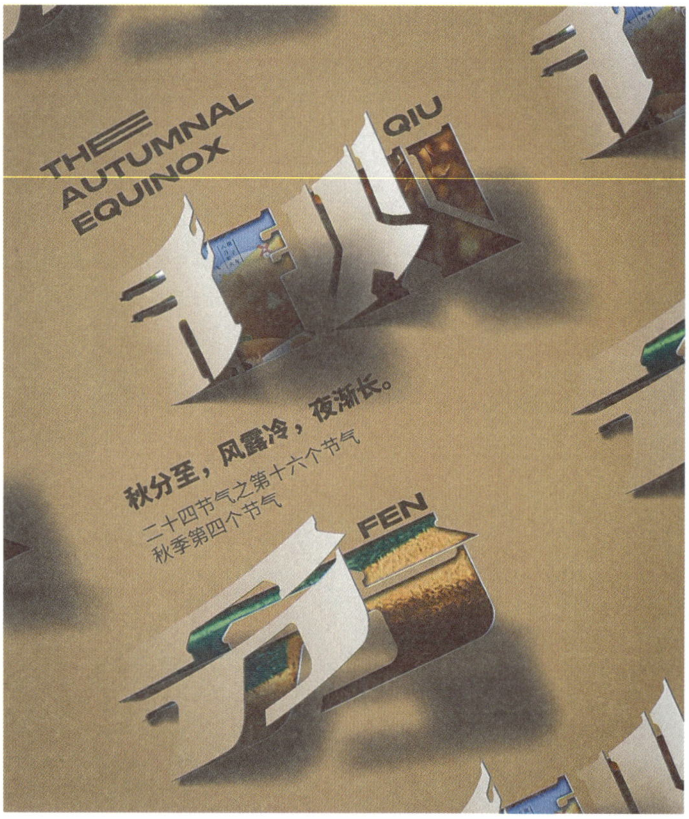

（c）

（d）

图 2-3-8　字体笔画重叠

（4）字体立体透视。利用文字的投影或者透视原理，让文字呈现出立体空间效果（见图 2-3-9）。

（a）　（b）

（c）　（d）

图 2-3-9　字体立体透视

（5）字体构成。广告设计中的字体可以运用重复、变异、正负形等构成形式原理加以设计，从而产生新的视觉效果（见图 2-3-10）。

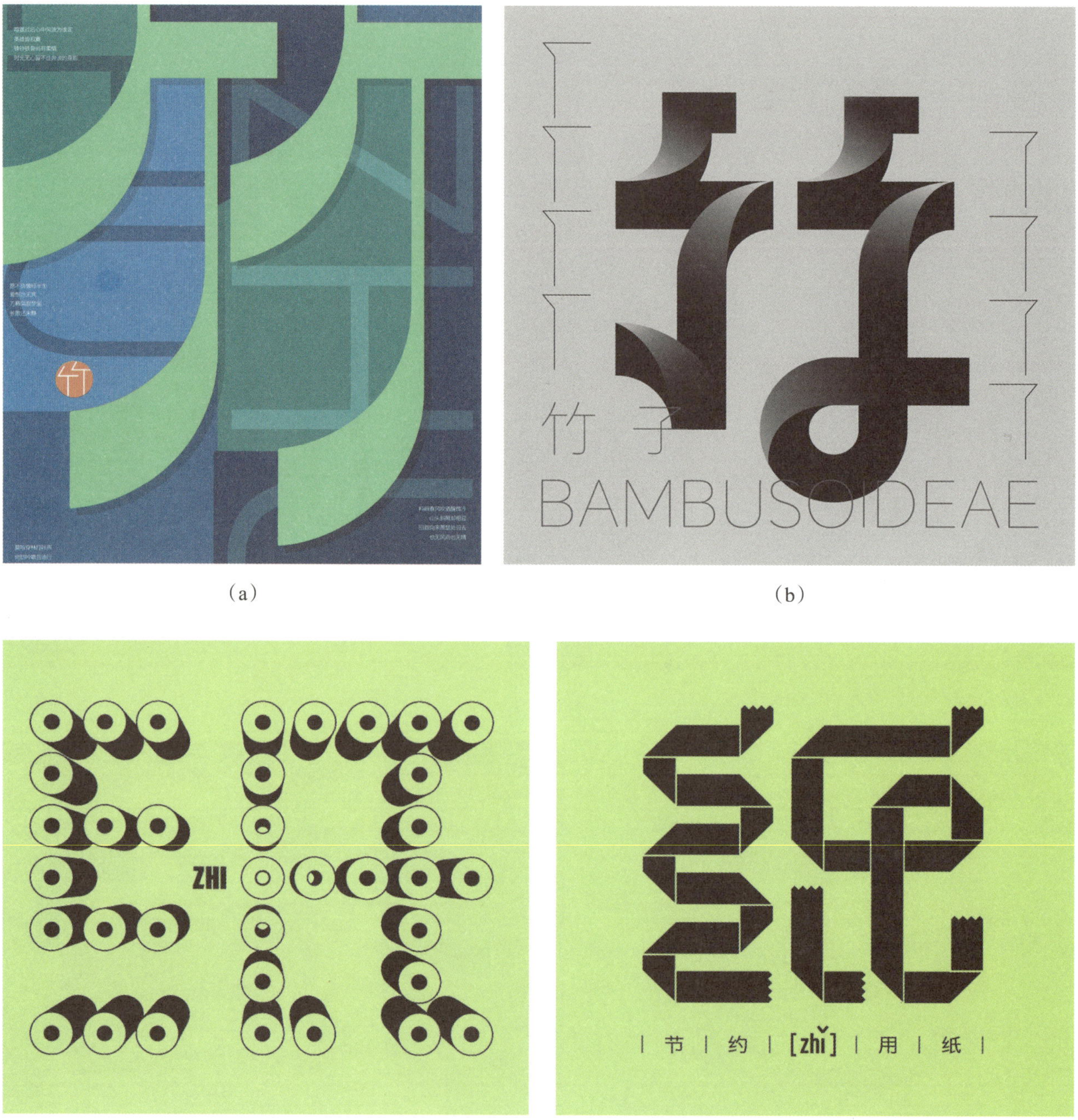

（a）（b）（c）（d）

图 2-3-10　字体构成

（6）现代字体设计。现代字体设计是将字体设计与现代艺术的表现形式融合起来，如抽象艺术、图形设计、构成艺术的处理，使字体成为具有现代魅力的字体表现样式。简化、添加、夸张、变形、肌理、色彩、构成、装饰处理等都属于现代字体设计创作的重要元素（见图 2-3-11）。

(a)

(b)

(c)

(d)

图 2-3-11　现代字体设计

（二）图形要素表达

1. 广告图形的特性

（1）符号性。广告图形设计是设计者借助图形符号向受众传达设计理念的过程。图形设计作品起着充当设计者的思想感情符号的作用，这个符号所传达的信息能否被受众快速、有效地接受与认知，是图形设计作品成功与否的关键。设计者如果想要传达一定的思想观念，就需要在设计过程中对图形符号加以筛选、组合、转换、再生，从而达到准确有效地传达信息的目的。因此，图形符号是设计者传达思维理念和思想感情的工具。图形要表达某种特定的含义，就不能只是停留在符号的一般表现上，而是要根据传达的内容，充分利用某些图形符号的语意，在特定的思想意识、创意观念支配下，重新加工和组合图形符号，运用不同的表达方式和表现手法，将原来的意义加以改变或延伸，形成具有一定观念意识的图形语言。

如全国大学生广告设计大赛中主题为“娃哈哈”的广告设计作品（见图 2-3-12），设计者将芒果、苹果、葡萄的图形与拟人化的蚂蚁结合起来进行插画设计表现，以“芒”（忙）里偷闲、“苹”（平）安喜乐、香气“葡”（扑）鼻为突破口进行创作。

(a)

(b)

(c)

图 2-3-12 “娃哈哈”广告设计作品

▲设计者：20 级视觉传达设计 莫强天

指导教师：周祺芬

（2）象征性。象征是指通过具体的事物、形象、图形、色彩来表现某种特殊的意义。图形的意义一般都与一定的民族文化、历史、宗教、政治等紧密相关，它与历史文化积淀和人类丰富的想象力有关。中国历史悠久、文化灿烂，“龙”图形是中华民族的象征；“青龙、白虎、朱雀、玄武”是四极方位的象征；梅、兰、竹、菊是君子品格的象征；牡丹是富贵的象征；石榴是多子多福的象征。全国大学生广告设计大赛中，主题为“我们有信仰”的广告设计（见图 2-3-13）从“乡村振兴促发展”和“青年树理想”两个角度出发进行创作。“乡村振兴促发展”主要以高铁、飞机、向日葵、人物等为设计元素，“青年树理想”以医生、护士、向日葵、城市等为设计元素，画面以分割的形式呈现，体现蒸蒸日上的生活状态与新时代青年的壮志情怀。

（a）　　　　（b）

图 2-3-13　“我们有信仰”广告设计作品

▲设计者：20 级视觉传达设计　李荧

指导教师：周祺芬

（3）表意性。图形能够传达出某种特定的含义，图形通过寓形于意、以意生形、形意结合等表现手法表意，如眼睛具有观看的含义，将眼睛和书本结合，可引申为探究知识的渴望、启迪人们的思想等含义。巧妙地运用不同图形的含义，是图形创意的关键。如全国大学生广告设计大赛中主题为“999 感冒灵”的系列广告设计（见图 2-3-14），设计者运用插画的形式表现，针对“999 感冒灵”周边店内的产品，从情感出发进行创作，塑造两个女生与小狗的不同动态，体现 999 感冒灵”产品“暖暖的，很贴心”。

（a）　　　　（b）

图 2-3-14“999 感冒灵”广告设计作品

▲设计者：20 级视觉传达设计　李荧

指导教师：周祺芬

2. 广告图形的思维方式

广告图形的思维方式是一种创造性的思维。创造性思维是一种可以物化的思维活动，它不是思维形式的单一运用，而是联想思维、想象思维、逆向思维、发散思维、灵感思维等多种思维方式的综合运用。

（1）联想思维。联想思维是广告图形中最常用的思维方式，可以分为相关联想、因果联想、逆向联想等。每一客观事物在人的头脑中都会产生联想，从内容上可以分为形与形、形与意、意与意的联想等；从形式上可以分为因果关系的联想、要素的联想、形状的联想、色彩的联想、印象的联想、对比的联想、逆反的联想、意义的联想、综合的联想等。如全国大学生广告设计大赛中主题为“爱华仕箱包”的广告设计作品（见图 2-3-15），设计者由“爱华仕箱包”联想到太空，由太空联想到宇宙时空，其第一幅作品代表的是冲出地球，体现出探索宇宙与“箱子”随行的探索精神；其第二幅作品代表的是发现文明“箱”（相）随与共的和谐精神。

（2）想象思维。想象思维是人脑对记忆的表象进行加工改造，创造新形象的过程。想象思维借助于感受、经验与想象，把分散的物象转变成一个能够抒情达意的图形语言。广告图形想象的目的在于追求一种新的图形语境，创造一种新的图形语言表达方式，它源于现实且超越现实。设计者要在思维中不断激发想象、扩展想象、创造想象、再造想象，运用丰富的想象力创作出深入人心的图形创意作品。如“喜临门床垫”广告设计作品（见图 2-3-16），设计者由床垫进行扩展想象，将其想象成汉堡、蛋挞，傍晚躺在汉堡、蛋挞上进入深度睡眠。

（a）　　　　　　　　（b）

图 2-3-15　“爱华仕箱包”广告设计作品

▲设计者：20 级视觉传达设计　石杨

指导教师：周祺芬

（a）　　　　　　　　（b）

图 2-3-16　“喜临门床垫”广告设计作品

▲设计者：20 级视觉传达设计　梁亚莉

指导教师：周祺芬

（3）发散思维。发散思维是一种扩散的思维方式，是一种求异思维、分散思维、辐射思维，是从多角度、多方向进行想象的思维方式。发散思维具有多维度、变通性、独创性的特点，在广告图形设计时，设计者利用发散思维往往能够创作出风格独特、个性鲜明的作品。如“云南白药”广告（见图 2-3-17）的设计者运用发散思维，结合“云南白药”牙膏洁白防蛀、保持口腔清新的功效进行创作。整个广告设计采用分镜插画的形式，广告设计画面主要以粉蓝色表示清新口气，以绿色呈现牙膏的干净、健康。

（a）

（b）

图 2-3-17 “云南白药”广告设计作品

▲设计者：20 级视觉传达设计　杨雪飞

指导教师：周祺芬

（三）色彩要素表达

1. 色彩在广告设计中的作用

色彩是广告设计表现的重要因素，通过视觉表达，传递情感色彩。要想让自己的广告设计作品在不同品牌和类别的广告设计中脱颖而出，色彩的运用起着至关重要的作用。色彩运用适宜会给消费者带来强烈的视觉冲击，它既能有效传递商品和品牌的信息，又能给消费者留下深刻的印象。

（1）突显色彩的功能。色彩具有吸引注意、强化视觉冲击力、增强品牌意识、影响消费者情感的功能，在广告设计中恰当地运用色彩能够引起消费者的共鸣，吸引消费者的关注，得到消费者的青睐。在广告创意表达时，设计者可以通过采用色彩的对比、调和等方式，加深消费者对广告的印象，提高广告的流传度。

（2）强调色彩的特性。广告设计者在运用色彩时需要考虑商品或者品牌的标准色和辅助色，并且将标准色和辅助色贯穿整个创意设计过程，使色彩设计具有较强的目的性和针对性。强化商品和品牌的色彩视觉效果，能够向消费者准确地传达商品和品牌的信息。

（3）发挥色彩的象征。广告设计中的色彩运用需要与商品和品牌的性格特征相统一，与广告创意相统一，与广告诉求的目的相统一，同时设计者还应该考虑目标市场和消费者对各种色彩的喜爱程度。色彩设计不仅是色彩表达方法的设计运用，同时也是色彩的文化属性、民族属性和象征属性等方面的体现，设计者在进行民族品牌的广告设计时更应该考虑使用民族特有的色彩。恰当地运用色彩，能够正确传达出商品和品牌的信息，使消费者产生心理认同，树立品牌在消费者心目中的形象。

2. 广告色彩设计的基本方法

广告色彩设计要恰当、准确地将色彩属性运用到广告设计之中，从而增强广告设计诉求的传达力、表现力和视觉冲击力，将商品和品牌信息生动形象地传达给消费者。

（1）色彩的基本要素。色彩的三要素指色相、明度和纯度；色彩的心理属性主要有色彩的冷暖、色彩象征、色彩联想、色彩寓意等。广告设计者通过运用确定色调、色彩推移、色彩的对比和调和等方式进行广告色彩设计。

（2）色彩的色调。广告色彩中色调决定了广告色彩的整体性，色调倾向就是设计师想要表达的主要的色彩理念，也是产品和品牌想要传达给消费者的产品形象。因此，色彩的主色调决定了广告设计作品的整体色彩效果。高调、低调、冷调、暖调、轻调、重调、明调、暗调、长调、短调、中调、红调、绿调、华丽色调、明快色调等都是广告色彩设计时常用的色调。色调的确定要依据广告的内容决定，而不是设计者的主观想象。色彩的色调直接为广告设计作品服务，广告设计作品通过色调传达给消费者产品理念。

（3）色彩的推移。色彩推移也被称“色彩渐变”，主要是指色彩在色相、纯度、冷暖、明度上的强与弱、深与浅、冷与暖、明与暗的程度变化。色彩有规律的变化在视觉上能够产生连续推移的效果。色相推移（见图 2-3-18）可以选择由光谱色相向全色相推移，也可以选择由光谱中某几个色相向其他色相推移；明度推移（见图 2-3-19）是选择一种色相，从明度上由暗到明进行推移，逐渐推移到白色；纯度推移（见图 2-3-20）是选择一种高纯度的色相，逐渐加入中等明度的灰色，最终推移到灰色；冷暖推移（见图 2-3-21）是选择具有冷暖属性的色相渐变推移。在广告设计中如果要表现具有规律变化含义的主题，设计者通常会使用色彩推移的方法。

图 2-3-18　色相推移

图 2-3-19　明度推移

图 2-3-20　纯度推移

图 2-3-21　冷暖推移

（4）色彩的对比与调和。色彩对比是指两种或者两种以上不同的色彩，由于色相差别而形成的色彩对比效果，色彩对比的强弱取决于色彩在色相环中的位置。色彩对比的形式主要有色相对比、明度对比、纯度对比、冷暖对比等。在部分广告设计作品中，色彩对比需要借助图形完成，因此又产生了色彩与图形之间的对比。广告设计者常采用色彩对比的形式增强广告设计作品的视觉冲击力。

色彩调和能够使画面丰富且统一。色彩调和可以分为主色调调和、同类色调和、邻近色调和等，设计者应根据不同的广告设计目的选择相应的色彩调和方式。色彩对比与调和是色彩设计常用的方法，色彩对比与调和体现了色彩之间对立与统一的关系，色彩对比能够增强画面的视觉冲击力，色彩调和能使画面富有美感、和谐感。处理好色彩对比与调和的关系，能够使广告设计作品表现出对比强烈又协调统一的视觉效果。设计者在采用色彩对比与调和进行广告设计时，要考虑色彩的功能、品质、审美等。“HBN”广告设计（见图 2-3-22）将“HBN”产品作为主题元素，画面以蓝色调为主，呈现出梦幻的视觉效果。

（a）

（b）

图 2-3-22 “HBN”广告设计作品

▲设计者：20 级视觉传达设计　王小雅

指导教师：周祺芬

3. 色彩的心理属性

色彩能够对人们的心理产生一定的影响，产品的视觉设计可针对色彩的心理属性，选用适合的色彩，引发人们的情感共鸣。

（1）色彩对心理的影响。人类在长期的劳动实践过程中，逐渐形成具有共性的色彩认识观和审美观，并赋予了色彩不同的情感特征。每种色彩都能影响人们产生相应的心理反应，色彩的色相、纯度与明度不仅会影响视觉传播的强度，还会影响消费者的心理接受程度。

从市场角度来看，选择什么样的色彩进行广告设计较为适宜不能一概而论，需要设计者根据不同商品的特点制订准确、合理、个性化的色彩设计方案。色彩设计方案要能满足目标群体的心理需求，从而使消费者产生共鸣。

（2）色彩和心理的联系。每种色彩都会对人们的心理产生一定的影响。色彩表现主要与色彩联想和色彩象征有关，如白色可以让人联想到纯洁、神圣；蓝色象征着安宁、深邃；红色象征着热情、喜庆；橙色象征着温暖、积极；绿色象征着理想、安全；紫色象征着神秘、优雅等。

三、项目实训

■ 项目实训一："喜临门"广告要素表达

项目描述

"喜临门"以"致力于人类的健康睡眠"为使命，坚定不移地朝着"成为全球床垫行业领先者"的愿景迈进，专注于设计、研发、生产和销售以床垫为核心产品的高品质产品，先后推出净化甲醛、双核抗菌防螨、气体弹簧等多项全球领先技术，持有的专利数量居中国床垫行业首位，入围全球床垫行业专利申请数量前十申请人。

"喜临门"广告（见图 2-3-23）由铜仁学院 19 级视觉传达设计专业的学生曾浩、王祥儿设计，由教师周祺芬指导，获得全国大学生广告设计大赛省级赛三等奖。该广告作品，将床垫的简化造型与手机、U 盘、充电宝相联系，以电量都保持在 100% 的状态表现"来'电'，充满新活力"的设计理念，以灰色为主题色，黑色、橙色、浅绿色为辅助色，通过"来垫（电）"说明床垫与睡眠的需求的关系，采用谐音的方式进行创作，有助于使消费者产生好奇，将产品拓展至不同的消费群体。

成果赏析

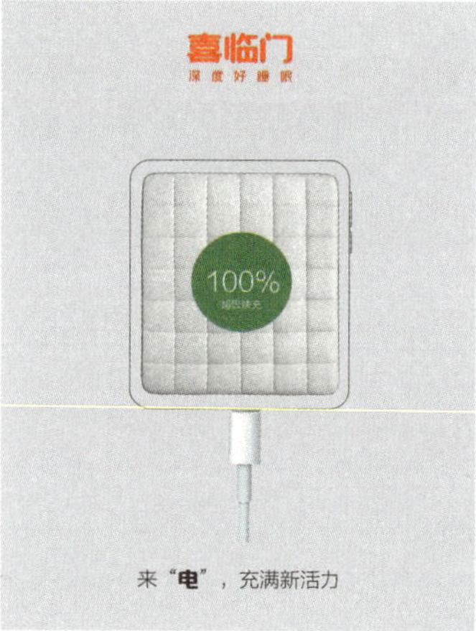

（a）

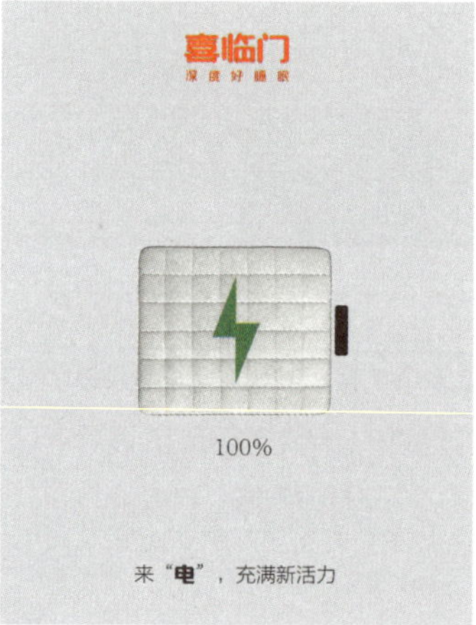

（b）

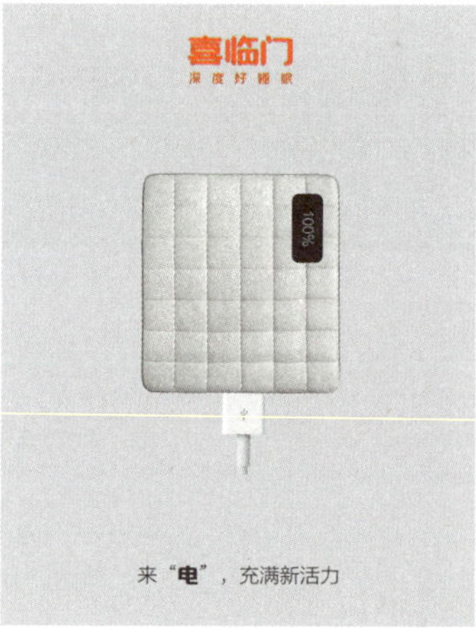

（c）

图 2-3-23 "喜临门"广告设计作品

▲设计者：19 级视觉传达设计　曾浩、王祥儿

指导教师：周祺芬

■ 项目实训二："芭莎女孩喝纤茶"广告要素表达

项目描述

"纤茶"是"元气森林"出品的 0 糖 0 脂 0 卡 0 咖啡因的植物茶，精选自然草本玉米须、杭白菊、桑叶作为原料，调配独特清新的口味，使产品入口自然回甘。"纤茶"不含咖啡因、甜味剂和防腐剂，能够满足都市人群随时随地轻养生的健康需求。"纤茶"是一次时尚媒体与商业品牌基于共同理念和相同目标群体的跨界合作。"芭莎女孩喝纤茶"传递的既是一种生活方式，也是一种时尚态度。

“芭莎女孩喝纤茶”广告（见图 2-3-24）由铜仁学院 19 级视觉传达设计专业的学生吴小红设计，由教师周祺芬指导。该广告设计以女孩为主体，加入玉米、苦瓜、菊花等元素，通过女孩甜蜜地躺在甜甜圈上、女孩在跑道上跑步、女孩在水中游泳等场景表现，体现女孩健康快乐、积极向上的生活方式。广告整体色调以深蓝、绿色为主。中英文字体搭配红、黑色进行处理，能够突出重点，画面整体来说具有一定的视觉冲击力。

成果赏析

（a）

（b）

（c）

图 2-3-24 “芭莎女孩喝纤茶”广告设计作品

▲设计者：19 级视觉传达设计　吴小红

指导教师：周祺芬

■ 项目实训三：“美颜相机”广告要素表达

项目描述

“美颜相机”是美图公司旗下深耕人像美颜的潮流相机 App，精准洞察了年轻用户对于美的追求，用潮流感的互动玩法和多元化的影像效果，陪伴用户记录生活中的美好。

“美颜相机”广告（见图 2-3-25）由铜仁学院 20 级视觉传达设计专业的学生杨雪飞设计、教师周祺芬指导。设计图以洞察年轻人的审美趋势，打造年轻人的自拍潮流为初心进行设计。

成果赏析

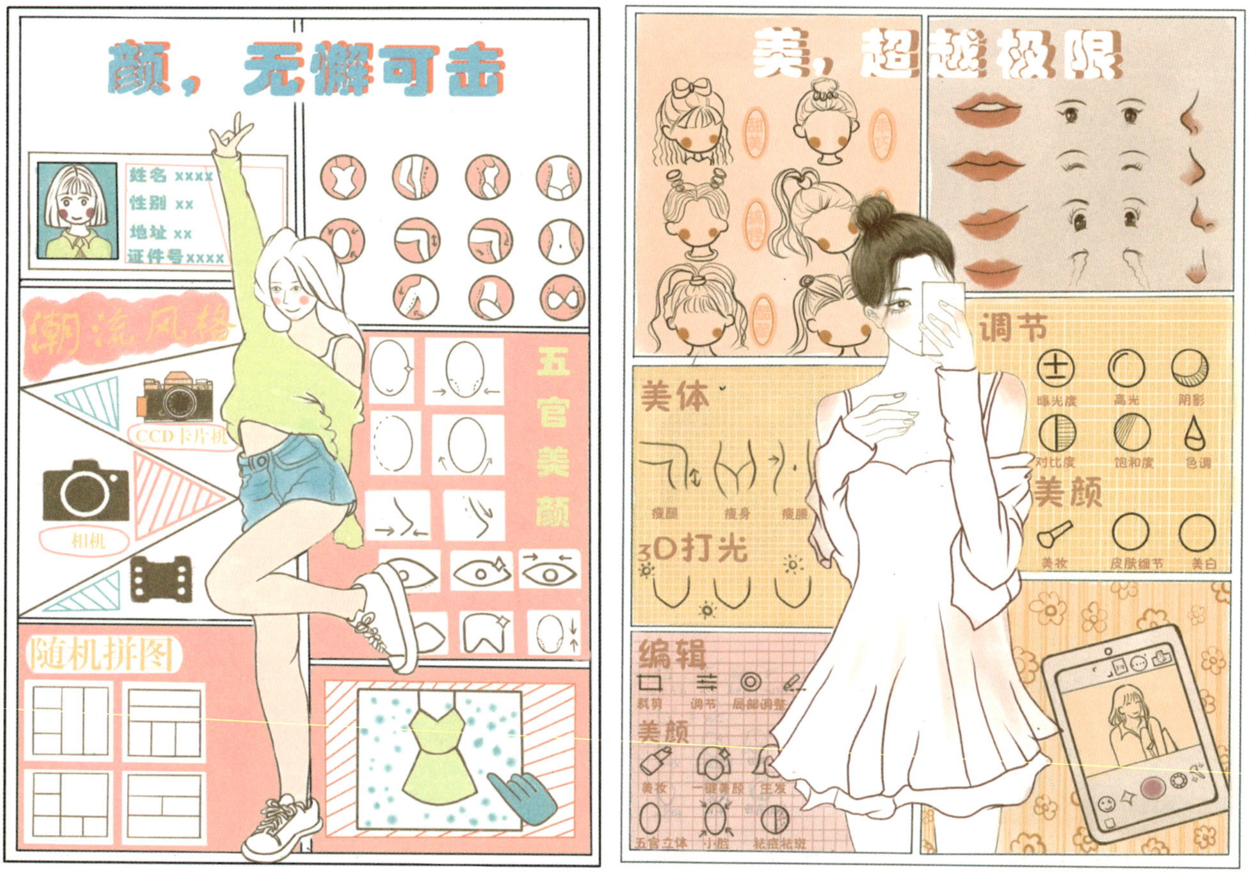

（a）　　　　（b）

图 2-3-25 “美颜相机”广告设计作品

▲设计者：20 级视觉传达设计　杨雪飞

指导教师：周祺芬

■ 实训活动：广告文字、图形、色彩要素的表达

活动目标

（1）通过赏析经典广告设计作品，分析广告的文字、图形、色彩表达形式，寻找创意灵感。

（2）通过赏析经典广告设计作品，提高视觉审美水平与鉴赏能力。

活动准备

赏析经典广告设计作品，分析广告设计的文字、图形、色彩要素等表达形式，为后期的广告设计创作奠定基础。

活动步骤

（1）收集经典广告设计作品。

（2）分析经典广告设计作品的文字表达形式。

（3）分析经典广告设计作品的图形表达形式。

（4）分析经典广告设计作品的色彩表达形式。

感悟与评价

（1）活动感悟。收集经典广告设计作品案例，从广告设计的文字、图形、色彩要素赏析中，你有什么收获和体会。

（2）活动评价（见表 2-3-1）。

表 2-3-1　广告文字、图形、色彩要素的表达活动评价表

评价内容	评价标准	活动评价		
		学生自评	学生互评	教师评价
收集经典广告设计作品	广告设计作品案例的典型性与代表性	☆☆☆	☆☆☆	☆☆☆
广告设计作品的文字表达	文字表达的合理性与创新性	☆☆☆	☆☆☆	☆☆☆
广告设计作品的图形表达	图形表达的合理性、前沿性与创新性	☆☆☆	☆☆☆	☆☆☆
广告设计作品的色彩表达	色彩表达的合理性与视觉冲击力	☆☆☆	☆☆☆	☆☆☆
合计		共计________☆		

任务四 广告创意

一、课程要求

任务目标： 通过学习广告创意，掌握广告创意的选取角度、过程、表现方法、思维方式等基础理论知识，构建系统理论知识结构体系。培养灵活运用不同的表现方法与思维方式进行设计实践的能力，培养专业的实践动手能力和审美能力。通过对广告创意设计表现过程、展现方法、思维方式的实践训练，研学经典，提升自身的艺术审美，增强文化自信及民族认同感，树立正确的价值观和人生导向，学习、致敬经典作品。

任务时间： 4 学时。

任务作业： 广告创意设计与精细化制作。

二、探索新知

（一）广告创意的选取角度

广告创意是整个广告策划活动的中心环节，广告创意角度的选择决定了广告活动顺利开展与进行的程度，广告创意的切入点可以从三个方面选取。

1. 围绕自身特性选取创意角度

从自身特性选取的创意角度主要是策划者或设计者依托广告媒介展现的个人艺术才情，是创作者内心深处的情感表达，有较高的艺术价值和审美情趣。但是围绕自身特性选取的创意角度具有不确定性，可能会导致整个广告策划活动失败。

2. 以企业产品为主选取创意角度

以企业产品为主选取的创意角度是从生产者和销售者的立场出发进行创意设计，它致力于宣传企业产品的质量、功能、价值、属性等。广告设计以企业产品为主，设计重点在于塑造品牌的独特个性，能够赋予那些具有自然属性的企业产品以生命。作为产品的感性形象，广告设计要充分体现品牌个性所倡导的生活方式，既要与产品的特色相适应，又要能引发起目标群体的情感共鸣。

3. 以消费者需求为中心选取创意角度

结合价值观念取向、以消费者的立场进行的广告创意设计，能使消费者更容易接受广告宣传的观点和事实，从而使消费者对产品产生信任感和认同感，激发消费者的购买欲望。广告设计是出于某种明确的目的向消费者传达某种销售信息，广告策划者或设计者对销售信息的表达需要符合目标群体的心理法则或规律，使广告设计作品能快速、有效地引导消费者，并引起消费者的共鸣，达到广告宣传的目的。对于广告主来说，研究消费者的需求有利于识别该商品的潜在消费者。广告创意的目的是针对主要的潜在消费者进行沟通，而不是所有的消费者。

（二）广告创意的过程

1. 资料收集阶段

在广告创意的准备阶段，设计者需要收集广告目标的有关资料进行分析、研究，同时提出多种创意方案，这个阶段的创意思维具有多向性和不确定性。广告创意需要收集的资料分为一般资料和特定资料。一般资料是指设计者个人必须具备的知识和信息，如日常感兴趣的生活琐事。创意者可以运用个人的知识和信息将收集的一般资料进行重新组合，因此，广告设计者的知识结构和信息储备会直接影响广告创意作品的质量。特定资料是指与创意密切相关的产品、服务、目标群体及竞争者等方面的资料。设计者必须对特定资料有全面深刻的认识才能发现产品、服务、目标群体及竞争者之间存在的特殊关联性，才能对现有的特定资料进行重新组合，从而找到精妙的创意角度。

2. 资料分析阶段

设计者可以通过对收集的资料进行归纳、分析，寻找商品特性，再进一步寻找吸引目标群体的亮点，确定广告的主要诉求点，从而更好地进行广告定位。在对资料的分析研究中，设计者可以列出广告商品与同类商品的共同属性；列出广告商品和竞争商品的优、劣势，通过比较分析，找到广告商品的竞争优势；列出广告商品的竞争优势带给目标群体的便利，即诉求点；寻找目标群体迫切关心的要求，即定位点，以诉求点和定位点作为广告创意的突破口来进行创意设计。

3. 创意酝酿阶段

创意萌发时，往往只是一个模糊的雏形，需要设计者仔细推敲、不断完善，结合广告定位对广告创意提出的构想，进行全面地比较分析，选出最适合的方案，并进一步加工。在此阶段设计者要及时捕捉闪现的灵感，将头脑中凌乱、间断、暂时的想法建立起逻辑性联系，使创意构思逐步明确化、具体化。

4. 创意完成阶段

在创意完成阶段，设计者需要将创意与广告设计紧密联系起来。完整的广告创意意图是在具体形象与整体的创意关系中表现的，创意反复认识的过程贯穿于设计的全过程。在创意完成阶段，创意者需要按照确定的广告创意逐步完善方案，要始终把握创意的发展规律，创造出效果显著的广告创意作品。

（三）广告创意的表现手法

1. 展示法

展示法是广告设计者将产品或广告主题以平铺直述的方式展现在版面设计上，运用各种方式强调产品或广告主题的特征，通过精细入微地刻画和渲染，体现产品的形态、质感和功用，以逼真的视觉效果，充分展示摄影或者绘画等写实创作能力，使消费者对宣传的产品产生信赖感。设计者在运用展示法时需注重产品组合和展示的角度，重点展现产品的品牌或者产品本身最容易触动人内心情感的内容，而这一般由富于个性的产品形象、与众不同的功效、品牌商的企业标志和产品的商标等要素组成，设计者可以利用色光的处理、背景的衬托等方法进行渲染，使主体物置于富有感染力的空间中，增强广告的视觉冲击力。“爱华仕箱包”广告设计（见图 2-4-1）采用展示法将箱包的实体造型与飞机、汽车、轮船联系起来，展现箱包到达金字塔、巴黎、爱琴海三个不同情景。

（a）

（b）

（c）

图 2-4-1 “爱华仕箱包”广告设计

2. 对比法

对比法是一种趋向于展现对立突出的艺术美的表现手法，它把作品中所描绘事物的性质及特点通过与其他事物形成鲜明的对照或与其他事物直接对比表现出来，借彼显此，互比互衬，从对比所呈现的差别中，表现集中、简洁、曲折的变化。对比法的运用可以从艺术手法的对比和实质性的对比两方面着手。艺术手法的对比是在广告画面上采取一定的艺术手法来突出商品的形象；而实质性的对比是指商品使用前后的效果比较、商品改装前后的比较等，其侧重点在于突出商品的新功能和特点。通过对比手法鲜明地展现产品的性能和特点，可以给消费者留下深刻的印象。对比法的应用，隐含着丰富的意味，不仅能够加强广告主题的表现力度，还能扩大广告主题表现的深度、广度和感染力。

靳埭强在其作品《汉字》——山、水、风、云系列海报设计（见图 2-4-2）中采用虚实对比的手法突出主题，将古今兼容、传承创新等理念注入作品中，将水墨的灵性挥洒得淋漓尽致，使人仿佛置身于其中，能够深刻感受到山的伟岸博大、水的灵动幽远、风的骤动无影、云的飘逸非凡。“山”“水”“风”“云”四个汉字，在水墨渗透之中呈现出中国山水画般的意境，具有强烈的视觉冲击力和美感。《汉字》系列海报设计直白地呈现了独特的东方语境和东方美学的概念，将对本土文化的思考和现代设计的理解进行了巧妙的结合。

该设计作品将象征中国传统文化的“文房四宝”（笔、墨、纸、砚）分布组合在这四幅海报中，“文房四宝”与书法浑然一体，展露出行云流水的视觉效果，飘散着化物为意的玄奥气息，涌动着奔放的遐想。山高水深，风云变幻，形象的“笔架山”“静止（纸）水”“沿（砚，指“沿海”）台风”“墨色云”，将自然景观提升到“物我统一”的人文高度，表现了书法独特的形式美感和文化功能。将笔、墨、纸、砚与山、云、水、风组合在一起，包含着文化与自然间的深层含义。一方面，文化依附着自然；另一方面，文化也赋予了自然独特的韵味。传统“文房四宝”物质的生命被二度文化阐释，变成了一种活态，使“文房四宝”从沉寂中苏醒，并在情感的滋养下绽放出新的光彩。

（a）

（b）

（c）

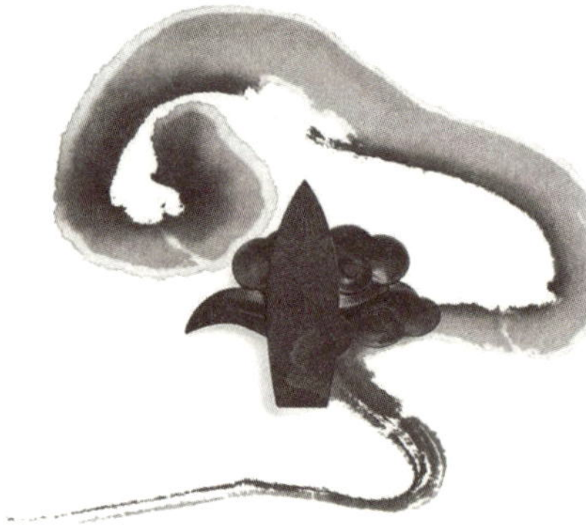

（d）

图 2-4-2 《汉字》——山、水、风、云系列海报设计

▲设计者：靳埭强

3. 联想法

联想法是由一种事物联想到其他事物的方法，其关键是在事物之间寻找某种相关的联系性。联想法可以借助思维导图的形式寻找联系点，找到联系点后，设计者就可以结合联系点进行广告设计。

联想法包括相似联想、相关联想、类似联想、相反联想、因果联想、虚实联想、接近联想等。相似联想是指因一种事物的外部结构、形态、属性与另一种事物近似、雷同而引发的联想。相关联想是指由一种事物与另一种事物之间的相互组合关系而引发的想象连接与延伸。许多事物在外形或内容上有相似的特征，因而会产生类似联想。类似联想是一种借景抒情、托物言志的表现手法。如看到儿童上学的场景，联想到新生代的朝气蓬勃。相反联想是通过某一种事物联想到相反的事物形态和内容，是对与事物有必然联系的对立面的想象延伸与连接。如由白天的嘈杂联想到夜晚的宁静，由燃烧的香烟联想到吸烟者的健康等。相反联想包含着逆反思维，是一种可以促使人们打破常规思考问题的方式。因果联想是人们对事物发展变化结果的经验性判断和想象。虚实联想是指构成图形的主题思想常常是虚幻的、看不见的，然而它却与客观存在的形体相关联。如用客观存在的鸽子、橄榄枝来表现“和平”这个概念，用客观存在的汉堡、烤鸭来表现“美味”这个概念。接近联想在广告创意过程中的应用较为常见，是指在接近的时间或空间里发生过的两件或两件以上的事情而形成的联想。如由闪电联想到雷声，由江河联想到船只，由蓝天联想到白云，由红灯联想到危险和停止等。“大众甲壳虫”十二生肖系列广告设计（见图 2-4-3）将十二生肖与机械化动物形态联系起来，使十二生肖具有汽车的质感。

合乎审美规律的心理联想能够突破时空的界限，扩大艺术形象的容量，加深画面的意境。通过联想，如果人们能够在审美对象上看到自己或与自己有关的经验，那么美感往往显得特别强烈，从而使审美对象与审美者融为一体，在联想过程中产生美感共鸣。合乎审美的心理联想所引发的感情总是激烈而丰富的。

子 Life makes it better

（a）

丑 Life makes it better

（b）

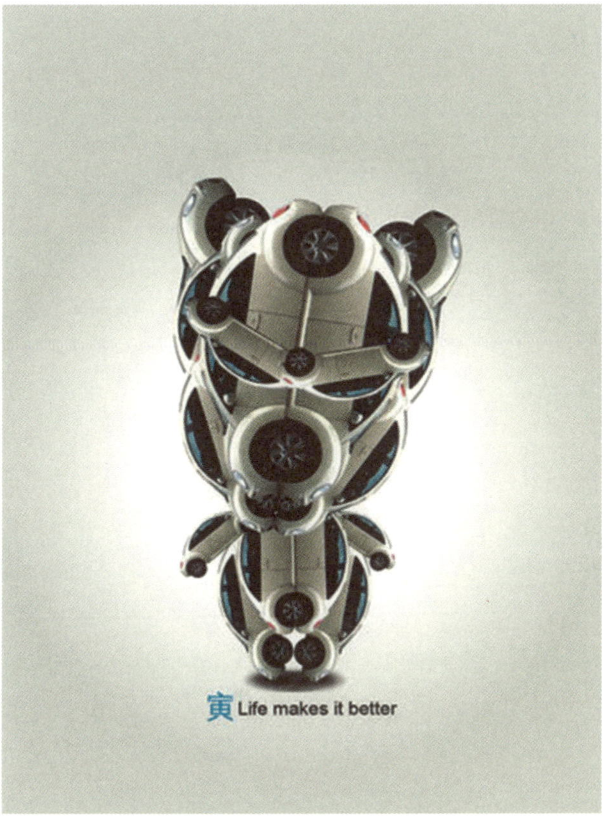
寅 Life makes it better

（c）

卯 Life makes it better

（d）

辰 Life makes it better

(e)

巳 Life makes it better

(f)

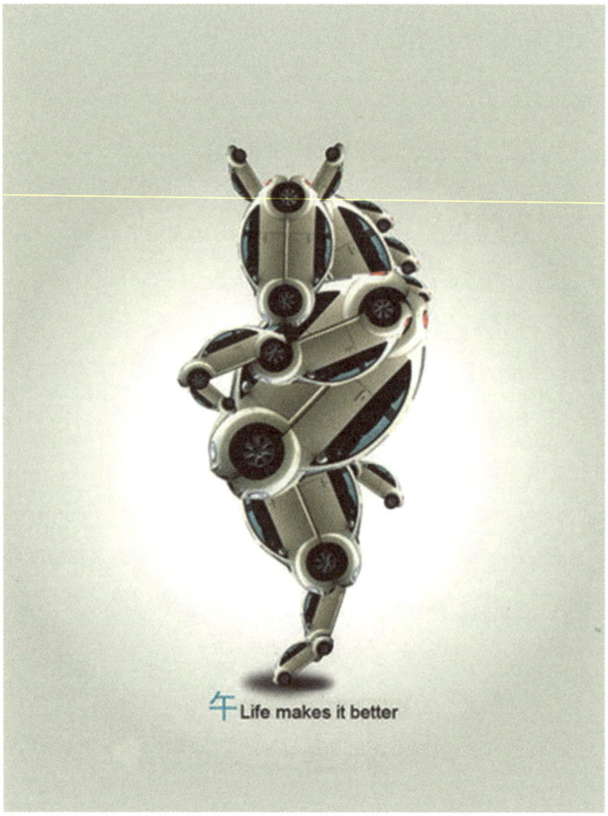
午 Life makes it better

(g)

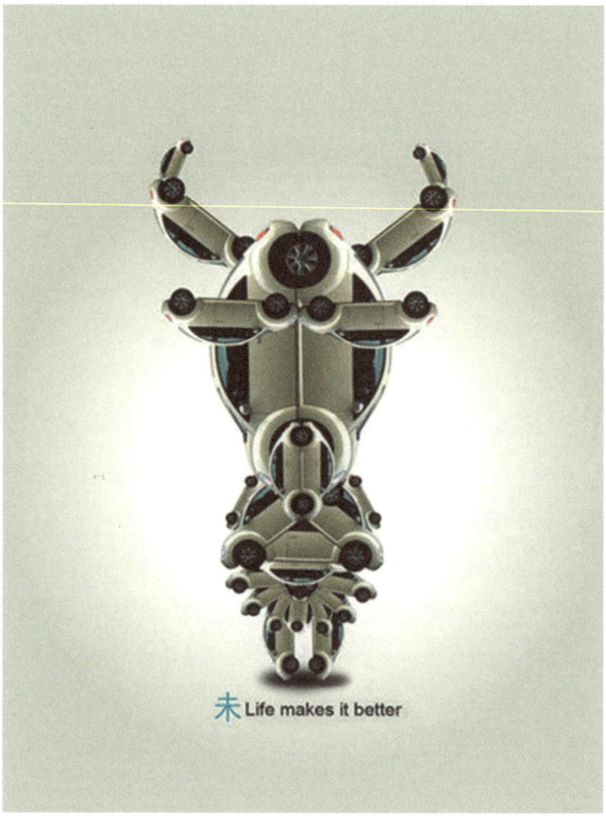
未 Life makes it better

(h)

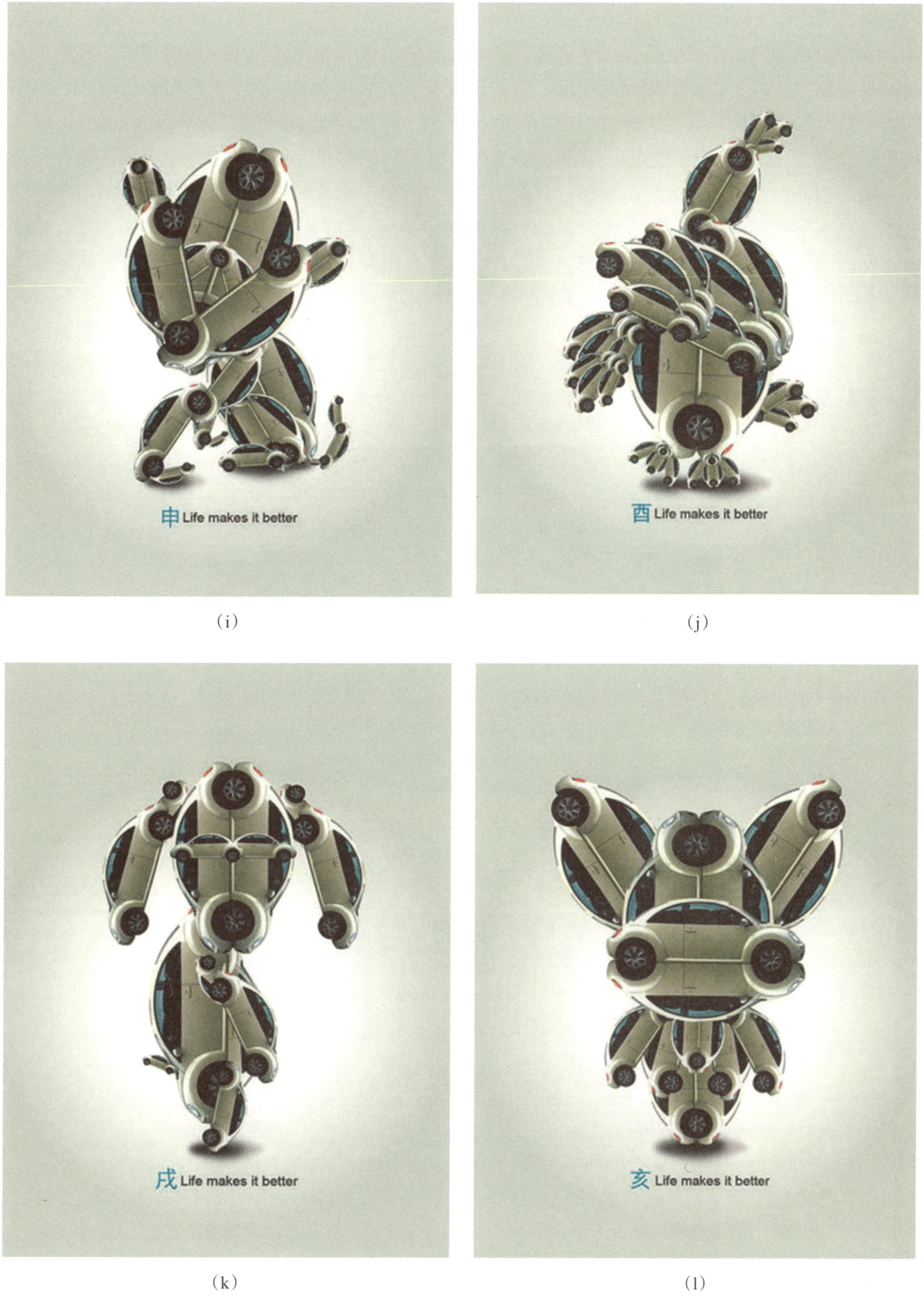

图 2-4-3 “大众甲壳虫”十二生肖系列广告设计

4. 夸张法

夸张法是借助想象，对广告主题中宣传的对象品质、含义或者特性进行形态夸张，有利于突显商品形象，给消费者留下深刻的印象。夸张法以现实生活为依据，用丰富的想象力对广告形象的典型特征加以强调和夸大，刻意改变物体间的比例、形态、位置、色彩等诸多对比因素，以体现广告的创意，使画面更加新颖、奇特。夸张法通过虚构把对象的特点和个性中美的方面进行夸大，赋予产品新奇与变幻的审美情趣，从而达到吸引消费者注意的目的。夸张法的应用为广告的艺术美注入了浓郁的感情色彩，使产品的特征鲜明、突出、动人。夸张法的表现形式主要有整体夸张、局部夸大、透视夸张、适形夸张等，设计者在运用夸张法时，要注重广告设计作品的整体协调关系，不能因局部的夸张而破坏画面的整体效果。

tame 是厄瓜多尔的一家航空公司，其“飞翔”系列广告设计作品（见图 2-4-4）采用夸张的手法，以厄瓜多尔当地文化为元素设计了一双巨大的翅膀，将翅膀和人组合在一起，暗示该航空公司的服务之便捷。

（a）

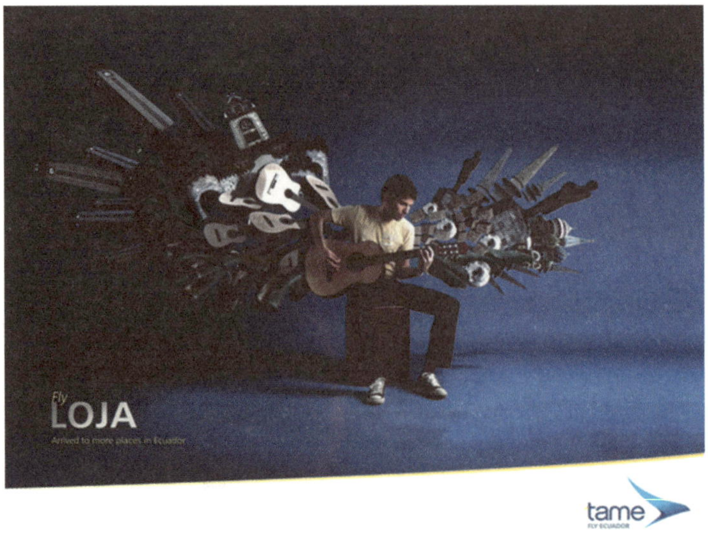

（b）

Fly
PORTOVIEJO
Arrived to more places in Ecuador
tame

（c）

Fly
MACAS
Arrived to more places in Ecuador
tame

（d）

Fly
GUAYAQUIL
Arrived to more places in Ecuador
tame

（e）

Fly
TULCÁN
tame
FLY ECUADOR

(f)

Fly
CUENCA
tame
FLY ECUADOR

(g)

Fly
QUITO
tame
FLY ECUADOR

(h)

（i）

图 2-4-4 “飞翔”系列广告设计

5. 拟人法

拟人法是将人以外的具有生命或者没有生命的物体进行人格化，使其成为具有人的某些特征的广告主题形象，从而引发消费者对商品的关注，达到广告传播的目的。策划者或设计者在设计时应根据主题和创意的需要去选择恰当的表现对象，按照人们熟悉的性格特征、表情、动作形态对其进行拟人化处理，并要注意形象的通俗性、愉悦性和审美性。运用拟人法的广告设计很受儿童的欢迎，因此，拟人法的运用在儿童食品和儿童日用品广告设计中较为常见。

“奥利奥”在策划 Wonderfilled 奇幻之旅广告设计（见图 2-4-5）为了获取更多样本，邀请了十位插画家描绘系列插画广告设计。这些插画广告的情节都发生在“奥利奥”的 Wonderfilled 世界中，该广告设计作品以“奥利奥”饼干为主要元素，通过拟人手法将“奥利奥”饼干当作人物头部，展现人物动态的百变造型，在设计中结合时尚、炫彩、立体的多种表达方式表现“奥利奥”饼干的各种新玩法，从而使设计更加多元化，塑造了一个充满童趣和想象力的世界。另一方面，该广告设计容易引起成年人的情感共鸣，让成年人找回童心，这使目标消费者群体从儿童市场延展至成年人。

CRUNCH
WITH OREO
PLAYWITHOREO.COM
WONDERFILLED

(a)

WONDER
WITH OREO
PLAYWITHOREO.COM
WONDERFILLED

(b)

SHOW
DREAM
WITH OREO
PLAYWITHOREO.COM
WONDERFILLED

(c)

DUNK
WITH OREO
PLAYWITHOREO.COM
WONDERFILLED

(d)

DISCOVER
WITH OREO
PLAYWITHOREO.COM
OREO
WONDERFILLED

(e)

TWIST
WITH OREO
PLAYWITHOREO.COM
OREO
WONDERFILLED

(f)

DUNK
WITH OREO
PLAYWITHOREO.COM
WONDERFILLED

(g)

DREAM
WITH OREO
PLAYWITHOREO.COM
OREO
WONDERFILLED

(h)

(i)

(j)

(k)

(l)

图 2-4-5 “奥利奥”Wonderfilled 奇幻之旅广告设计

6. 象征法

象征法是将某些具象或抽象的事物蕴含的特定含义，通过另外一种事物或角度、观点进行引申，从而产生新的抽象或具象的意义，使表现主题更加深刻、强烈、鲜明。设计者在运用象征法进行广告设计时，应选择有代表性、能被大众认可的形象，以唤起人们思想深处的共鸣。运用象征法的广告设计不直接表现产品，它更注重“意象”表达，运用自然中的人文内容以及与人相关的象征，通过艺术化的视觉形象来传达某种特定的意念，二者之间没有必然的关联性，只存在外在特征的某些类似联系。广告中产品的视觉形象可以是物形，可以是符号，也可以是色彩。总之，为了表达产品理念，产品的视觉形象可以是抽象的，也可以是具象的。

“喜临门”广告设计作品（见图 2-4-6）中以乌龟、鲸鱼和女生为主题元素，乌龟和鲸鱼象征着安全和坚强，女生睡在乌龟和鲸鱼上，在深海里遨游，享受着快乐的时光，表现了“来垫（点）想象、筑梦海洋”的设计理念。

(a)

(b)

图 2-4-6 “喜临门”广告设计作品

▲设计者：20 级视觉传达设计　申成红

指导教师：周祺芬

7. 幽默法

幽默法是指在广告作品中巧妙地再现喜剧性特征，设计者抓住生活现象中的局部内容，融入某些可笑的特征表现出来。设计者要设置饶有风趣的情节并进行巧妙布局，可以采用漫画、原画等形式，以夸张、比喻、置换等方式表达出引人发笑、耐人寻味的幽默意境，含蓄地传达某种产品理念或产品的信息。在广告设计中使用幽默的表现手法，通过富有创意的巧妙组合、喜剧性的矛盾冲突表现产品，往往能获得意料之外而又在情理之中的艺术效果。幽默手法的表达能够增加画面的趣味性，使大众消费者产生会心的微笑，接受广告传达的信息，幽默法以别具一格的方式发挥艺术的感染力。

每一个广告设计都来源于对生活的细微洞察，社会在进步，消费者的观念也在悄然地发生改变。广告创意设计需要跟上社会和消费者进步的步伐，只有那些能精准把握细微变化并跟上变化的广告创意设计作品，才能在激烈的市场竞争中脱颖而出，受到消费者的青睐。

（四）广告创意的思维方式

进行广告创意设计时，策划者或设计者不仅需要具备创作动机、相关知识和能力技巧，还需要培养产生创意的思维方式。

1. 发散思维和聚合思维

发散思维也称“扩散思维”“辐射思维”。这种思维方式可以任意抒发作者想要表达的情感，这是由中心点向四周进行思维扩散，从多角度观察和思考问题，运用丰富的想象力和创造力，调动积淀在头脑中的知识、信息、观念，并将其进行重新分解组合、概括夸张。设计者从发散思考中得到启发，再将这些启发归纳集中进行创意，最终产生新颖的广告创意设计方案。发散思维有利于提高思维的广阔性和开放性，使思维在空间上得以拓展，在时间上得以延伸。

聚合思维又称“复合思维”“集中思维”。这种思维方式是一种异中求同、量中求变的方式，是由四周向中心点进行思维集中，它以某个问题为中心，运用多种方法、知识，从不同的方向和角度将思维聚拢到中心点。在开发创意阶段，发散思维占主导地位；在选择创意阶段，聚合思维占主导地位。创意就是在发散—集中—再发散—再集中的循环往复、层层深入中迸发而出。

2. 顺向思维和逆向思维

顺向思维是人们按照传统的程序以从上至下，从左至右，从前至后，从低至高的常规思维方式进行思考，这种方法在广告设计时应用较为广泛，但是顺向思维方式容易使人形成惯性思维模式，使思维方式循规守旧，影响创意思维的开拓与发展。

逆向思维是一种反常规、反传统、与顺向思维相悖的思维方式。逆向思维从与事物对立的角度着手思考问题，常常会使广告创意设计产生意想不到的效果。

3. 头脑风暴思维

头脑风暴思维是组织专业领域的学者、专家及其他相关人员围绕明确的广告主题共同思考，集思广益，让各自的知识、经验在相互讨论、启发和激励中寻求到设计的突破口和创新点，从而产生更多的创意设想。头脑风暴思维首先是对议题进行选定，议题选定可以采用会议的方式，针对某种议题集体讨论，深入挖掘，采用脑力激荡方式进行创新，从而产生优秀的广告创意，再针对生成的广告创意进行筛选和评估。

4. 启发式思维

启发式思维是一种创新性思维方式，设计者在广告创意设计时需结合人的心理感应与心理认知的作用规律，设计出奇异、超自然、反流行、反规律的表现形式。超现实的表现形式与人对客观物象正常的、规律性的认识相悖，打破了从生理感应到心理感知应有的平衡，当人们对其直觉经验的思维与联想受阻，势必会激发多维的想象与探索。自然界中有许多事物，如天上的白云、空中的一缕白烟、海面溅起的水花、地上飘落的红叶、一块石子、一枚贝壳、一根羽毛、一只蝴蝶等，如果设计师细致观察、深入分析，对素材进行联系和比较，把需要解决的问题与其他事物进行联系和比较，一定会受到有益的启发，开拓出新的创意思路。

设计者还可以运用科学技术知识去启发创意。如运用物理学的挤压、拉伸、旋转、折叠、向心、离心等形式启发创意；运用光学手段造成的视错觉、视幻觉、光效应等形式启发创意；运用数学手段的几何化平面构成等形式启发创意；运用生态学手段的移花接木、杂交组合等形式启发创意；运用仿生学的拟人、拟物等形式启发创意。

5. 运用传统艺术和其他艺术形式

传统艺术、民间艺术是取之不尽的创意源泉。设计者可以从陶器、铜器、瓷器、漆器、织绣、雕塑、建筑样式、装饰纹样等中寻求创意素材。优秀的传统文化遗产就是广告创意设计最好的素材。国外传统与现代艺术同样需要设计者认真地研究，从多角度提高自身的创意能力。文学、音乐等其他艺术形式也可以给设计者提供创意思路。

三、项目实训

■ 项目实训一：“云南白药养元青”广告创意设计

项目描述

本次命题以“云南白药养元青 × 敦煌博物馆”跨界联名活动为主体。千年敦煌是华夏之光、艺术瑰宝，云南白药亦是中国国家地理标志产品，“云南白药养元青”携手敦煌博物馆，迸发国潮力量。以“云南白药养元青”为主题的广告创意设计作品（见图 2-4-7）由 20 级视觉传达设计专业牟相琴设计、周祺芬指导。该广告创意设计作品将敦煌 IP 深度结合“云南白药养元青”控油防脱系列产品，深耕 Z 世代年轻群体，巩固“云南白药养元青”品牌在该群体中的渗透率；聚焦产品，开放主题，鼓励 Z 世代开创脑洞，通过创意作品将“云南白药养元青”与敦煌博物馆深度结合，达成 IP 共情，为产品和品牌赋能。

“云南白药养元青”广告创意设计的两幅作品分别将古代女性盘好的发髻和飘逸的发丝作为主体元素，结合山、云朵、花卉等辅助元素，整体色调采用敦煌配色，以蓝色、橙色为对比色，体现出古色古香的视觉美感。

成果赏析

(a)

(b)

图 2-4-7 “云南白药养元青”广告创意设计作品

▲设计者：20 级视觉传达设计专业　牟相琴

指导教师：周祺芬

■ 项目实训二：“困牛山”广告创意设计

项目描述

困牛山，位于贵州省石阡县川岩坝西南处，南高北低，为西南至东北走向，南、西、北三面被黑滩河环绕，南北长约 10 公里，东西宽约 2 公里。环水的南、西、北三面均系悬岩绝壁，东面山势稍缓，山脚是小溪峡谷。整座山像迷宫，南、西、北三面无路可出。

困牛山战斗是红六军团第十八师第五十二团在完成掩护军团主力转移任务后与国民党军进行的一场阻击战。坚守困牛山的红军战士们，浴血奋战，以弱胜强，英勇顽强地打退了敌人一次次冲锋；但面对被胁迫走在敌人前面的当地群众时，为了不伤及人民群众，他们毅然决然地选择了跳下几十米深的悬崖，用鲜血和生命谱写了红军英烈的千古壮歌。

以“困牛山”为主题的广告创意设计作品（见图 2-4-8）由周祺芬设计与制作，此设计以“困”“牛”“山”三个字作为点、线、面的构成，组成三幅广告，第一幅中间部分以吹哨人坚守岗位的情景，体现“苦难重重‘困’不住”的不屈精神；第二幅中间部分以高举枪杆、雄心壮志的红军形象，体现“舍身无怨孺子‘牛’”的坚韧精神；第三幅中间部分以红军浴血奋战终于迎来了会师的情景，体现”壮士鲜血换‘山’河”的顽强信念。

成果赏析

(a)

(b)

(c)

图 2-4-8 “困牛山”广告创意设计作品

▲设计者：周祺芬

■ 项目实训三：“全国大学生广告艺术大赛”广告创意设计

项目描述

以“全国大学生广告艺术大赛”为主题的广告创意设计作品（见图 2-4-9）由 18 级视觉传达设计专业的学生龚江龙设计、教师周祺芬指导。全国大学生广告艺术大赛致力于让学生走出象牙塔，了解市场及行业需求，使自己的作品得到实践的检验。近几届全国大学生广告艺术大赛征集的作品说明大学生作品在创作类型、技术手段实现等各方面较之以往都有了全面的突破，这客观反映了当代大学生设计、策划、创新等综合能力的稳步提升。

“全国大学生广告艺术大赛”广告创意设计作品（见图 2-4-9）将文字进行重组、构成、装饰化、立体效果等处理，全面地体现了时代精神和文化内涵。

成果赏析

(a) (b) (c) (d)

图 2-4-9 “全国大学生广告艺术大赛”广告创意设计作品

▲设计者：18 级视觉传达设计　龚江龙

指导教师：周祺芬

■ 实训活动：广告创意设计与精细化制作

活动目标

（1）通过参加广告设计大赛，以赛促教，以赛促学，以赛促创。通过进行地方企业或者品牌的广告设计，服务于地方，带动地方经济的发展。

（2）培养广告创意设计的创造性思维与创新性表现，使设计的作品更加符合现代化的发展需求。

活动准备

可以从靳埭强设计奖、全国大学生广告设计大赛、学院奖等赛事命题中选题，也可以选取地方企业或者品牌，运用广告创意设计的思维方式和表现手法，进行广告创意设计与精细化制作。

活动步骤

（1）可以参加靳埭强设计奖、全国大学生广告设计大赛、学院奖等赛事，查看赛事规则与流程，也可以选取地方企业或者品牌进行广告创意设计。

（2）从赛事中选取自己感兴趣的命题，详细解读与分析命题的内容。

（3）根据命题进行广告思维导图设计。

（4）完成广告的 3 幅草图设计。

（5）进行广告设计的精细化制作。

（6）完善设计好的广告作品，提交参赛。

感悟与评价

（1）活动感悟。根据所选赛事和命题，谈谈在进行广告创意设计时你的收获和体会。

（2）活动评价（见表 2-4-1）。

表 2-4-1　广告创意设计与精细化制作活动评价表

评价内容	评价标准	活动评价		
		学生自评	学生互评	教师评价
找准广告设计赛事、广告命题，解读具体细则	广告赛事、广告命题的合理性与权威性	☆☆☆	☆☆☆	☆☆☆
广告思维导图设计	广告思维导图设计的创意性和发散性	☆☆☆	☆☆☆	☆☆☆
广告草图设计	广告草图设计的合理性与创新性	☆☆☆	☆☆☆	☆☆☆
广告设计作品的精细化制作	广告设计文字、图形、色彩表达的创新性与视觉性	☆☆☆	☆☆☆	☆☆☆
合计		共计__________☆		

任务五 广告文案设计

一、课程要求

任务目标：学生通过对本任务的学习，了解广告文案写作的基本原则与要求，在广泛学习和借鉴优秀广告文案的基础上，充分掌握广告文案写作的基本规律。不但要懂得广告文案所要达到的商业目标，还应懂得不同文字对达到商业目标所起到的不同作用，以便在文案写作中选择最佳的文字方案。

任务时间：4 学时。

任务作业：撰写广告文案。

二、探索新知

（一）广告文案的写作特征

广告文案的写作需遵循真实性、原创性、有效传播性原则。

1. 真实性原则

真实性是广告文案写作的首要原则。广告文案直接与消费者产生联系，在广告活动中，广告文案作为广告活动的“代言人”，能够与消费者直接对话。消费者通过广告文案及广告作品中的其他部分来了解广告的内容，从而认识企业、产品和服务等。因此，广告的真实与否能够决定消费者是否能够得到真实、准确的信息，能否产生符合真实状态的情绪，能否产生消费意向。

广告文案写作的目的是说服消费者产生消费行为。广告文案的写作具有功利性，要能够宣传产品的功能和特点，促进消费者的购买行为的产生，而一旦广告设计者为了自身的利益弄虚作假，就会使消费者利益受到损害，同时也会损害产品和企业的声誉。

真实性是广告文案生命力所在，如果违背了真实性原则，广告文案就会丧失自身的可信度，使文案变得毫无价值。

2. 原创性原则

原创性是广告设计者在广告运作过程中赋予广告活动和广告作品以独特的吸引力和生命力的力量来源。在此过程中，广告设计者将原来存在的要素重新排列组合，采用独特而新颖的方式传递信息，赋予人们习以为常的事物中的新内涵。由于现代社会中同类产品越来越多，广告文案的同质化倾向愈发严重，已经无法轻易引起消费者的关注，广告设计者开始将原创性作为广告文案要遵循的重要原则。原创性的表现内容主要有广告文案表现手法上的原创、广告文案所传达的信息内容的原创两个方面。

3. 有效传播性原则

在有效传播性原则方面，广告界有以下不同的观点。

（1）广告文案的有效传播性主要体现在改变目标消费者的态度。

（2）广告文案的最终作用是销售，广告是否有效传播要依据销售业绩的高低。

（3）好的广告文案要有助于创立持久的品牌。衡量广告文案是否具有有效传播性，不仅要看是否有助于提升产品的销售业绩，还需要看其对产品过渡时期的协助，最重要的是标准是其是否有助于树立一个持久的品牌，让品牌成为消费者生活的一部分，获得他们的青睐。

（4）有效传播性是通过沟通建立品牌与目标消费者之间的独特关系，给品牌以灵魂和生命，让消费者轻易地将该品牌与竞争品牌区别开来。

综合以上观点，广告文案的有效传播性主要体现在广告运作的传播和广告运作的销售目的两个方面。

（二）广告文案的写作程序

1. 资料收集

在创作广告文案前，设计者需要了解广告所要推出的产品、服务的特点，获取相关市场信息，信息主要包括目标受众的年龄、职业、经济状况、宗教信仰、心理变化等。广告文案创作必须依据这些素材来确定广告的主题思想及文案的表现方法。资料收集是撰写文案的准备阶段，后续环节需要设计者对收集的资料加以整理与分析。

2. 构思立意

收集的资料可能存在信息量较大、内容较为繁杂的问题，设计者应该对收集来的资料进行整理、分析和归纳，结合广告消费者的关注点和建议点对资料进行全面分析后，将全部资料浓缩为广告信息焦点，从而确定广告文案策略。广告主题应理性化、概念化、艺术化。首先应定位产品和服务的特色，确定广告文案的风格，再进一步找出最吸引消费者的文案形式，最终确定广告的主要诉求点和文案的基本构思。

3. 评估创意

评估文案创意是设计者对已形成的文案创意进行评价，文案创意初形成时往往较为模糊、粗糙，只是一个简单的雏形，其中往往含有不太合理的部分，因此，还需要仔细推敲，对已形成的文案创意逐一进行调整。设计者在评估文案创意时可以就不同创意与同行沟通交流，取长补短，使文案创意更加具体、完善。

4. 确定创意

经过反复的立意、创意，广告文案主题和广告文案的风格基本确定后，设计者需将广告文案提供给客户，并与客户进行商讨，充分听取客户的建议，以最终取得客户的认同为目标。文案写作时一定要站在公正的立场上，平衡消费者群体和客户双方的利益，为消费者提供真实的、确切的、综合性的产品服务信息，广告文案的信息焦点要紧扣产品的个性，紧跟消费者的心理变化。广告文案在语言文字表达上既要高度概括，又要通俗易懂。

（三）广告文案的写作要求

广告文案主要由广告标题、广告正文、广告语、广告附文四个部分构成。

广告文案的结构灵活多样，并非所有的广告文案都具有这四个部分，如有的文案没有附文；有的广告文案既没有附文也没有标题；有的广告文案只有一条广告语；有的广告文案甚至只有一个品牌名称。广告文案结构的确定受到具体的广告目标、产品所处的生命周期、广告信息、广告创意等多种因素的影响。

1. 广告标题

广告标题是广告文案中旨在传达最为重要的或者最能引起诉求对象注意的信息语句，位于广告文案最醒目的位置，对全文起统领作用。大部分设计者在撰写广告文案时，总是将创作标题作为首要任务。标题是整个广告的提纲，能够对广告中最重要的、最吸引人的信息进行创意性表现，吸引受众对产品的注意力，传达信息的类型和最佳利益点，使受众继续关注正文。

广告标题的形式主要有新闻式标题、承诺式标题、炫耀式标题、建议式标题、悬念式标题、问答式标题、标语式标题、故事式标题、对话式标题、假设式标题、注解式标题、祈求式标题、对比式标题、比喻式标题、夸张式标题、诗歌式标题、寓意式标题等。

（1）新闻式标题是采用新闻标题的形式，向受众传达、提供产品的最新事实。这类标题多应用于介绍新产品、企业新举措等。新闻式标题的撰写必须具备新闻的新颖、真实、时效性特征，它是用新闻报道的方式向消费者发布新商品或者劳务信息，利用人们对新闻的关注及阅读新闻的习惯，向受众提供最新事实。常见的新闻式标题有“建设银行武汉市分行第三组有奖有息定期储蓄存单开始发行”“上海航空公司增开南京始发航班”等。

（2）承诺式标题包含能给消费者带来利益的承诺。这种标题常常具有较大的吸引力，能够促使消费者购买商品，接受服务。承诺式标题常用语句包括“定能”“减价”“优惠”“甩卖”“免费”“附赠”等，承诺式标题有三种：一是给人带来物质、金钱利益；二是给人以服务的便利；三是使人的心理得到满足。常见的承诺式标题有“你可在一个屋顶下办完所有的金融业务——银行”和“好饼干带来好运气”等。

（3）炫耀式标题是以炫耀的方式，满足广告主自豪的心理。好的产品，总有令广告主骄傲的地方。设计者在撰写广告文案时应尽量满足广告主骄傲、自豪的心理，将这种心理体现在标题上就表现为以夸耀、赞赏的语气撰写广告标题。如取暖器广告标题“创造一个最温馨的小气候”，又如烹调用具广告标题“烹调因此而成为艺术”等。

（4）建议式标题是对产品或品牌提出可行性建议。当同一类型的产品较多时，如何能够吸引消费者购买自己的产品？商家们会提出合乎情理的建议。因此，在撰写文案时，他们把提出建议的原因、目的、条件等一一说清，以使商品更加具有诱惑力。如油漆公司的广告标题“让每一件家具都发出温柔之光”，又如收音机的广告标题“让您的精神轻松一会吧”。

（5）悬念式标题。人人都有好奇心，悬念式标题正是利用这一点，制造悬念，抓住消费者的注意力，使他们在寻求答案的过程中不自觉地对产品产生兴趣。如某服装公司推销时装的广告标题“鸡会不多”。刚开始消费者会以为是设计者写了错别字，惊奇感驱使人们细看广告内容，原来是“鸡年将逝，机会当然不多；削价厉害，机会当然不多”。

（6）问答式标题。问答式标题是使用得最广泛的标题形式，问答式标题可以分为设问式和反问式，一般以“为什么”“怎么办”的形式提出问题，引起消费者的注意，然后再给出问题的答案，加深消费者的印象。如惠泉啤酒的广告标题“想下手吗？拿惠泉来。有实力，当然有魅力”。又如恒星牌灯泡的广告标题“谁为万家燃灯火？恒星牌灯泡为你带来光明与欢乐”。

（7）标语式标题是由简洁的、极富号召力的标语口号组成的广告标题，因为经常用格言形式来表现，也被称为“格言式标题”。如美的电器广告标题“共创美的前程，共度美的人生”，又如深圳新兴大酒店广告标题“到深圳，住新兴，驾车来，真实惠！”

（8）故事式标题通常叙述客观事实，如实向读者道明广告正文的要点。

（9）对话式标题是在广告标题中采用对话的形式来表现广告信息。这种标题的特点是具有场景感、现实感和生活感，仿佛人们在无拘无束地相互寒暄。

（10）假设式标题是在广告标题中提出某种假设，同时给出结果，从而引起消费者的关注，并促使他们产生相关的思考和购买行为。

（11）注解式标题是用判断或者注解的方式来表现主题，一般是围绕企业或者商品的名称而形成的广告标题。如庄吉西服广告标题“庄吉西服——庄重一生，吉祥一生”，又如某领带广告标题“敦煌领带——男士的世界”。

（12）祈求式标题是用祈求、劝导等性质的语言来促使消费者购买商品。这类标题针对消费者的利益需求设置内容，能够引起消费者的关注和购买。如专治小儿惊风药品的广告标题“正需要您的照顾”，又如福乐奶粉的广告标题“百闻不如一试，喝过方知福乐好”。

（13）对比式标题是将所宣传的商品与其他同类商品进行比较，从而突出本商品的特征，加深消费者的印象。这种标题能够突出商品的独特之处，以对比的方式为受众提供一个参照物，形象生动地传达广告信息，以说服受众。如某洗衣机广告标题“唯一完全自动式的洗衣机”。

（14）比喻式标题是用某些存在类似之处的事物来比拟想要宣传的事物，使人产生联想，从而加深消费者对广告的印象。如某计算机的广告标题“像母亲一样了解你”。

（15）夸张式标题以生活为基础，借助想象，抓住描写对象的某种特点进行放大、强调。设计者在运用这种形式撰写广告标题时，要抓住广告描写对象的某个特征进行夸张，突出强调这一商品的特征或者本质。如某燃器公司取暖器的广告标题“敢与阳光媲美”。

（16）诗歌式标题。广告文案写作时常常采用诗歌式的语言作为广告标题，这种标题可以直接运用诗歌的原句，也可以对诗歌原句进行改版创新。在标题中借用和创新诗歌原句，或者采用诗歌式语言，能够达到醒目传神、绘声绘色的效果。如星河音响的广告标题“高山流水爱知音，星河音响成佳友”。

（17）寓意式标题与比喻式标题有所差异，比喻多借助具体、鲜明的形象来表达题意，寓意依赖人本身的知识、修养、情操等对广告标题以合理的想象和发挥提升意境。

2. 广告正文

广告正文对广告标题起着支撑的作用，它会传达完整的广告信息，并且进行必要的解释，从而树立品牌形象，完整地呈现广告风格和营造的意境。

以下主要从广告正文的文字结构、写作结构以及常见形式三个方面来讲解广告正文。

（1）广告正文的文字结构主要分为开端、中心段、结尾，如“雀巢咖啡”广告正文的文字结构（见表 2-5-1）。

开端在标题和正文之间起到承上启下的作用，既要衔接标题，又需简要地提出问题，为后续内容的展开奠定基础。

中心段是广告正文的重要组成部分，主要是根据广告的目标和要求，阐述商品的信息、品质及优点。

结尾也被称为“随文”，一般是为消费者迅速采取购买行动而进行服务方面的种种说明，如售卖时间、地点、价格、服务保证以及电话、银行账号、厂址、联系人等，或是带有情感色彩的总结性话语。

表 2-5-1 “雀巢咖啡”广告正文的文字结构

项目	内容
开端	瑞士咖啡公司隆重推出雀巢咖啡。
中心段	精选优良的咖啡豆焙烘而成，用一勺雀巢咖啡加热水和糖，就可即刻冲成一杯香浓美味的咖啡，提神醒脑，敬课自奉，至高享受。
结尾	味道好极了！雀巢咖啡！

（2）广告正文的写作结构可以分为一体结构和分体结构。

一体结构是按照广告信息内在的关联性，将所有的广告信息组合成一个完整的整体，并由一个相对独立、完整的段落或多个段落形成的写作结构。一体结构的广告正文一般由开头、中间段、结尾段三部分构成，其中，开头的主要作用是将消费者的目光由标题转向正文的中间段。

分体结构是广告信息在广告正文中得到并列表达的结构形式，可以用来表现一些并列的句子，也可以是格式中的分列表现，还可以是由并列的小标题所统领的多个小正文组成。主要表现形式是分列式、格式式以及运用分体结构的长文案。

（3）广告正文的形式。广告正文的形式有直销型、新闻型、分列型、文书型、抒情型、幽默型、散文型、诗歌型、相声型、对话型、名人推荐型、歌曲型等，下面将列举几个较为常见的广告正文形式。

①直销型。直销型广告正文也称为“解释性广告正文”，它简要地介绍了企业的情况、商品的性能特点、服务的风格特色等。这种表现形式客观而冷静，适合运用于文字较多的广告文案上，如“别克凯瑞”广告文案（见表 2-5-2）。

表 2-5-2 “别克凯瑞”直销型广告文案

项目	内容
广告标题	还在寻找更广阔的个人空间？
次标题	凯瑞，为时代中坚者首创“双 H”超高效和谐延展空间
广告正文	革命化的仪表盘连贯车门水平主轴，配合双暖色一体化内饰。置身其中，清晰感受空间延展，全局一手掌握。更汇聚高效空间的规划，呈现自在驾乘感受——2.6 米轴距座舱设置 16 处储物空间，兼顾繁忙公务与私密生活，全套智能电控系统，以简易化操控达成更高效率。凯瑞，助全情全力、志在进取之时代中坚者主导效率空间，放怀广阔未来！

② 新闻型。新闻型广告正文是当某种广告商品中含有令人们感到新奇的情况，或者与某些新闻事件、新闻人物有联系时，借题发挥，以新闻体的形式撰写的广告正文。在撰写新闻型广告正文时，设计者应注意以下特点：需要突出有新闻价值的内容；写作的表现方式、结构、用词等，都必须是新闻形式、新闻语气、新闻结构、新闻语言；要运用背景材料突出商品的特点。如“双鹿牌冰箱”新年广告文案（见表 2-5-3）。

表 2-5-3 “双鹿牌冰箱”新年广告文案

项目	内容
正文	新华春节，京华传喜讯，中国家用电器工业质量检测中心对电冰箱九个指标测试，按国际标准对电冰箱划分等级。双鹿冰箱跃入国际先进水平 A 级（优良）行列。

③分列型。分列型是一种先将广告信息分成若干项，再一一列举的表现形式，分列型广告正文能够使广告信息一目了然。如《读者文摘》广告文案（见表 2-5-4）。

表 2-5-4 《读者文摘》广告文案

项目	内容
广告标题	一流的业务
广告正文	我们能在全球广泛存在，根源在于我们的出版物在全世界具有感染力。我们的杂志在世界各地以当地语言发行。 作为被广泛阅读的杂志，《读者文摘》有 39 个版本，以 15 种语言出版，包括阿拉伯文和朝鲜文。每个月超过 1 亿人阅读我们的原作及当地和国际版本的精选本。
广告语	《读者文摘》，我们影响全球 1 亿人。

④文书型。文书型是一种以白话文为基础，兼用叙述、说明、议论三种基本表达方式的特殊应用文体。文书型广告正文采用公文的表现结构、特有形式进行正文的表现，其特点是能给人以客观、严谨、公正的感觉，能够提高广告信息的权威性和严肃性。如“某煤矿基建公司”招工广告项目（见表 2-5-5）。

表 2-5-5 “某煤矿基建公司”招工广告正文

项目	内容
广告正文	经省计委、省劳动厅批准，省矿务局、省煤矿基建公司等单位在我市招收 800 名合同工人。 招收的工人全部到井下采掘第一线工作，工种 10 年不变。 招收来源：凡我市城镇待业青年，身体健康，热爱采掘工作，年龄在 18 周岁到 28 周岁的男青年均可报名。 报名方法：我市城镇待业青年凭毕业证、户口本报名。报名时交 1 寸近期免冠照片两张。 报名者可报两个志愿，即可选两个单位。 招收方法：经政审、体检合格的人员，按照各单位的招生规定和所报志愿进行录取。 报名地点：市区青年持证到所在地镇劳动服务公司劳动科报名。 报名时间：×××× 年 ×× 月 ×× 日—×× 月 ×× 日。 新在招工中严禁不正之风和弄虚作假，试用期三个月，不合招收条件的给予清退。

⑤抒情型。抒情型是指广告正文采用散文、诗歌等形式来完成，这种形式具有音韵美、形式美、语言美、意境美等四个特征，适合表现产品的文化韵味、附加价值与真挚情感，侧重于情感的抒发。以抒情的语言塑造鲜明的广告形象，能够让人耳目一新。如“某航空公司”广告正文（见表 2-5-6）。

表 2-5-6 “某航空公司”广告正文

项目	内容
广告正文	和蔼的空中服务员身着一袭纱笼裙，将一缕温馨的柔情带给全世界，当她和您相逢，绽放迷人笑容，晴空万里，白云朵朵，相逢在舒适的波音机群上，她将以最专业的方式招待您。

⑥幽默型。在广告正文中，可以借用幽默的语言表达广告主题，使广告受众轻松地接收广告信息，这类广告往往因创意富有情趣使广告受众印象深刻，从而使人们对产品产生购买欲望。幽默型广告正文的大量出现，使广告文案脱离了单调和枯燥，给消费者传递信息的同时也给他们带来了欢乐。如“某交通要道”广告正文（见表 2-5-7）。

表 2-5-7 “某交通要道”幽默型广告文案

项目	内容
广告正文	先生 / 女士： 驾驶汽车时速不超过 60km，您可饱览本地的美丽景色；超过 120km，欢迎光顾本地设备最新的急救医院。

⑦散文型。散文型是以散文形式进行广告信息表现的正文形式，与诗歌体相比，散文体也富于想象的诗意，但不拘泥于音律、节律、押韵、字词相对。散文体有诗的意味，但比诗歌体更加平易、生活化。如“太阳神集团”广告文案（见表 2-5-8）。

表 2-5-8 “太阳神集团”广告文案

项目	内容
广告标题	孩子，妈妈能给你的真的不多……
广告正文	12 岁，我就离家读寄读中学了。那时正是春荒季节。每次返校前妈妈总能变着戏法似地弄出一小袋米来，再让我捎上一罐咸菜，这便是那时山里孩子最奢侈的伙食了。送我上路时，妈妈那爱怜的眼神里总是盛满了愧疚与无奈。岁月荏苒，今天，我才读懂了妈妈的眼神，她仿佛喃喃地对我说：“孩子，妈妈给你的真的不多，但那可是我能给予的全部啊。”火柴很小，散发的光亮也很微弱，但它真的是在竭尽所能地燃烧着，就像妈妈。

⑧诗歌型。诗歌型撰写形式既可以借助古典诗词的形式，也可以根据广告主的要求创造自由体诗歌，给读者一种新颖感。这种形式联想丰富，因诗具有生动的形象和鲜明的意境，故能令人回味无穷，产生丰富美好的联想，其感情浓郁，能以此感动消费者，引发共鸣。如“飞利浦 PL 台灯”广告正文（见表 2-5-9）。

表 2-5-9 “飞利浦 PL 台灯”广告正文

项目	内容
广告正文	留一盏灯，给不眠的自己， 所有的灯都昏暗了， 所有人都睡了， 而我，仍独坐案头， 对着空格纸苦思。 且点上一盏灯， 点上无尽的信心与感觉， 为不眠的自己， 等待灵感过境。 飞利浦 PL 台灯， 为不眠的人点一盏灵感的灯。

3. 广告语

广告语也被称为“广告口号”，它是产品形象、品牌特色和企业价值等的生动概括，是为了加强诉求对象对品牌、企业、产品或服务的印象而在广告中长期反复使用的口号性简短语句。广告语的作用是以最简单的文字将企业或商品的特性及优点表达出来，给人浓缩的广告信息。

设计者在撰写广告语时需注意以下技巧。

（1）选择前缀句式和后缀句式，使广告主体得到广泛而反复的传播。

（2）选择单句、对句形式，使广告语在简短的时间内让受众印象深刻。

（3）选择日常用语，可以增强诉求效果，促进消费行动的达成。

（4）采用祈使句式，可以使消费者产生即时的消费冲动。

（5）运用动词，可以增强诉求效果，促进消费行动的达成。

（6）运用字词联想，可以产生出其不意的效果。

（7）选择时尚话题，可以引发消费者的关注。

（8）改造谚语，使用语朗朗上口。

（9）选择口头禅，可以被迅速流传。

（10）避免命令语句，否则可能会引起消费者的反感。

4. 广告附文

广告附文也称“广告随文”，它属于广告文案正文的附属部分，是对广告正文内容进行的补充与完善，也是广告诉求的最后推动力。广告附文主要是向消费者传递与广告产品信息相关的内容，如企业与产品名称、企业地址、商标、联系方式、购买选择、销售周期等。

广告附文的内容根据不同的需要和广告形式而定，不是所有的广告项目里都会出现广告附文。

广告附文的撰写内容主要包括以下几个方面。

（1）商品标识内容（包括产品或服务商标、商标名、商品名等）。

（2）企业标识内容（包括企业名称、企业标志、企业专用字体等）。

（3）通信联络要素（包括企业地址、电话、邮编、联系人等）。

（4）附言（这是使消费者进行有关的行动或参加有关抽奖、赠券、优惠等的必要说明）。

（5）价格表、银行账号等。

（6）权威机构证明标志。

（7）特殊信息（奖励的品种、数量，赠送的品种、数量和方法等）。

（8）购买商品或者获得服务的途径和方式（此类内容包括经销商及其联系办法，窗口服务机构的名称、地址、联系办法，以及直销或者邮购服务的办法等）。

（9）特别说明（如果广告信息因消费者理解差异可能引起消费者权益方面的法律问题，应做预防性声明）。

（10）表格（对广告的建议、受众反馈信息或进一步联系所需要的表格、回邮单等。）

三、项目实训

■ 项目实训一："乌龙锌硒"广告文案设计

项目描述

贵州凤冈乌龙锌硒茶业公司成立于2006年，现已发展成为集科技、种植、加工、销售为一体的龙头企业。遵照贵州省委、省政府，遵义市委、市政府，凤冈县委、县政府实施开发绿色产业、建设生态家园的战略，公司把茶产业作为开发绿色产业和发展生态农业的首选产业。多年来，此公司更是荣获县级、市级等多项奖项。目前，贵州凤冈乌龙锌硒茶业公司生产加工的锌硒乌龙茶，是全国唯一的锌硒乌龙茶。随着公司的不断发展，几年来，凭借"公司＋农户＋基地"的形式，该公司茶园面积超过7 km^2，辐射范围包括遵义市龙坪镇、凤冈县、龙泉镇西村等地。其茶园空气清新、景色优美、风景迷人，茶园更是注重标准化管理，采取合理有效的方式防虫祛害。

"乌龙锌硒"广告文案（见图2-5-1）由铜仁学院19级视觉传达设计专业的学生安艺露设计与撰写、教师周祺芬指导。该文案主要包括广告标题、广告语、广告正文三个部分，广告标题直接、简洁，广告语和正文运用散文体的形式进行创新与设计。

成果赏析

图 2-5-1 “乌龙锌硒”广告文案

▲设计者：19 级视觉传达设计　安艺露

指导教师：周祺芬

广告标题： 乌龙锌硒。

广告语： 茶之夭夭，灼灼其香。

广告正文： 一片片茶叶，在水中翩跹起舞，如同一个个灵魂在水中游走。欣赏着茶的舞姿，倾听着怀旧的音乐，过去的时光仿佛又回到了眼前。一杯无糖锌硒茶，含有淡淡的清香和浓浓的韵味，它并不奢华，但足够吸引人。

一壶茶，让人仿佛置身于山中茶园，品尝人生与精神。人生就像一杯茶，不一样的是，它是用沸水冲沏，还是用温水冲沏。温水沏出的茶，平淡无奇，没有激烈，没有动感，看不到舒展的茶叶，也闻不到清雅的幽香；而沸水冲沏的茶，却在一遍又一遍的翻腾、踊跃下，溢出阵阵扑鼻而来的清香。

■ 项目实训二：“湄潭翠芽”广告文案设计

项目描述： 湄潭翠芽属于贵州省遵义市特产，是中国国家地理标志产品。湄潭翠芽历史悠久，是遵义市湄潭县的标志产品。

“湄潭翠芽”广告文案（见图 2-5-2）由铜仁学院 19 级视觉传达设计专业的学生李云芬设计与撰写、教师周祺芬指导，其主要从广告标题、广告语、广告正文方面进行撰写，采用抒情方式进行文案表达。

成果赏析

图 2-5-2 “湄潭翠芽”广告文案

▲设计者：19 级视觉传达设计　李云芬

指导教师：周祺芬

广告标题：湄潭翠芽。

广告语：湄潭翠芽，年轻新滋味！

广告正文：我喜欢用玻璃杯来泡茶，因为可以看到茶叶像穿着绿裙子的少女一样，在水中舞动着，跳跃着，这是亭亭玉立的美，也是轻盈飘逸的美。

打开一罐湄潭翠芽茶叶，一股清新带着花香的茶叶味道扑面而来，他们是一群清新的小精灵，待不住那沉闷的罐子了，蹦蹦跳跳地跑出来透气。

该怎么形容这种味道呢？是一种清新的气味，既带着一点春天的花香，又透出一丝茶的苦涩。一根根嫩梢的茶叶，悠哉悠哉地躺在罐子里面。轻轻地抓几片茶叶放进杯子里，然后倒上热情的沸水，就会看到茶叶在上下舞动。这时盖上杯盖，就可以看到刚刚已经落在杯底的茶叶渐渐地浮上水面，又慢悠悠地从杯顶下沉，然后立在杯中。每一片茶叶的形态都不一样，有的斜着一点，有的竖着一点。这时候一股带着黄的绿源慢慢地从它们身上蔓延开来，原本的清水就变成了一杯黄绿明亮的茶汤了。

■ 项目实训三：“贵州天刺力”广告文案设计

项目描述

贵州天刺力食品科技有限责任公司成立于 2011 年 11 月 21 日，公司以贵州六盘水特产水果刺梨为原料进行系列产品的生产、科研开发、基地种植，形成特色产业。目前，该公司已经建成省内领先的果脯生产线、刺梨原汁生产线、精制刺梨罐头生产线、精制刺梨饮料生产线、原汁发酵酒生产线，拥有高端健康品生产设备、低温冷藏库等。

六盘水是贵州省重要的野生刺梨产地，被中国野生植物保护协会授予“中国野生刺梨之乡”的称号。天刺力刺梨饮料采用刺梨鲜果多次清洗后压榨出果汁，直接包装，不经浓缩及复原，最大限度地保留了刺梨原有的新鲜风味。刺梨中含有 20 余种氨基酸和 10 余种微量元素，尤其维 C 含量极高，号称“维 C 果王”。由于富含超氧化物歧化酶、单宁等营养成分，所以产品略带涩酸味。

广告设计文案（见图 2-5-3）由铜仁学院 19 级视觉传达设计专业的学生何缘设计与撰写、教师周祺芬指导，主要包括广告标题、广告语、广告正文三个部分，广告标题运用谐音加以表现，广告语和正文运用陈述语气的形式进行创新设计。

成果赏析

图 2-5-3 “贵州天刺力”广告文案

▲设计者：19 级视觉传达设计 何缘

指导教师：周祺芬

广告标题：天天天刺力，健康不分“梨”(离)。

广告语：天刺力，原滋原味健康领会。

广告正文：刺梨的味道有些独特，酸甜中带有淳淳的香味。即使它满身带刺，但人们只要见了那黄黄的果儿，想想那味道，就忍不住去采摘。

最美刺梨黄，最忆在心房。春雨里，春阳里，燕子呢喃，柳绿草青。山地田间，庄稼人正忙着耕种。

■ 实训活动：广告策划文案的撰写

活动目标

（1）撰写广告文案时，要明确广告的构成部分包括广告标题、广告正文、广告语、广告附文，应根据文案的实际需要进行删减。

（2）通过撰写广告文案，开拓创造性思维，锻炼语言的表达能力和组织文字的能力。

活动准备

根据前期对地方企业或者品牌的广告市场调研、策略单、广告创意等系列化设计，撰写企业或者品牌的广告文案。

活动步骤

（1）收集产品、服务的特点，获取相关市场信息。

（2）依据素材，找准广告文案的主题思想，确定广告文案的主要诉求点及基本构思。

（3）评估广告文案的创意，最终确定广告文案的创意表达。

（4）列出广告文案的框架结构。

（5）选取广告文案的写作形式与手法。

（6）完善广告文案的撰写。

感悟与评价

（1）活动感悟。思考在撰写广告文案时，采用的表现形式和修辞手法有哪些，并谈谈在撰写过程中你的心得和体会。

（2）活动评价（见表 2-5-10）。

表 2-5-10　广告策划文案的撰写活动评价表

评价内容	评价标准	活动评价		
		学生自评	学生互评	教师评价
收集素材，对广告策划文案进行基础构思	文案构思的合理性与独特性	☆☆☆	☆☆☆	☆☆☆
拟定广告文案框架结构	广告文案框架结构的合理性与逻辑性	☆☆☆	☆☆☆	☆☆☆
确定广告文案的表现形式	广告文案表现形式的创新性	☆☆☆	☆☆☆	☆☆☆
完善广告文案的撰写	广告文案的整体性与规范性	☆☆☆	☆☆☆	☆☆☆
合计		共计________☆		

任务六 广告策划书设计

一、课程要求

任务目标： 通过对本任务的学习，了解广告策划书的基本结构，在广泛学习和借鉴优秀策划书的基础上，充分掌握广告策划书的范式。不但要懂得广告文案所要表达的商业目标，还应学会撰写较为规范的广告策划书。

任务时间： 4 学时。

任务作业： 撰写广告策划书。

二、探索新知

（一）广告策划书的基本结构

广告策划书主要由前言、市场分析、广告战略、广告对象、广告地区、广告媒体、广告预算、广告效果评定八个方面构成。

1. 前言

在广告策划书的前言中，设计者应详细说明广告计划的任务和目标，以及广告主的营销战略。

2. 市场分析

市场分析主要包括企业经营情况分析、产品分析、市场分析、消费者研究等。可以根据产品研究的结论，说明广告主产品所具备的优势；还可以根据市场研究的结论与市场中同类商品进行比较分析，并指出消费者的偏向，提出可行性建议。

3. 广告战略

设计者可以根据产品定位、市场定位研究的结果和广告层次研究的结论，列出广告战略的重点。其主要包括说明如何使商品在消费者心中建立深刻而难忘的印象；如何刺激消费者产生购买兴趣；用什么方法改变消费者的使用习惯，使消费者改变品牌偏好，使用广告主的产品；如何扩大广告产品的销售对象范围；如何使消费者形成购买习惯等。

4. 广告对象

设计者可以根据定位研究计算出广告对象的传播人数，根据人口研究结果列出广告对象的分析数字，如人口总数、人口地区分布、人口年龄、性别、职业、文化程度、收入等，从而得出广告诉求对象的数据，如需求特征、心理特征、生活方式和消费方式等。

5. 广告地区

设计者可以根据市场定位和产品定位结果明确市场目标，确定目标市场的选择，并说明选择理由和地区分布。

6. 广告媒体

广告媒体部分要根据广告的目标与对象，选择效果最佳的媒介向具体的广告对象传递产品信息，它主要是对媒介计划活动进行完整概括。设计者在撰写这部分内容时可以从媒介的选择与组合、媒介的使用地区、媒介的频率、媒介的位置、媒介的预算分配等方面入手。

7. 广告预算

广告预算要根据广告策略的内容，详细列举媒介选用的情况、所需费用、刊播的价格，设计者可以将其编成预算表格。

8. 广告效果评定

广告效果评定是在广告主同意按照广告计划实施广告活动的前提下预估广告活动能达到的效果，这一目标应以前言部分规定的任务为准。

（二）广告策划书的写作程序

在撰写广告策划书过程中，广告策划书的前期构架十分重要，其写作顺序为以下几点。

（1）撰写整个广告策划书的大纲。

（2）列出大纲中各章的大致内容。

（3）检查并协调全书的整体结构。

（4）确定各章的具体内容、字数的分配。

（5）将各章所需资料索引附在各自提纲上。

（6）撰写广告策划书正文。

（7）对完成的广告策划书文本草稿进行内容上的核验。

（8）对广告策划书文本草稿进行行文上的检核，包括语言、文字、表达方式等。

（9）进行广告策划书文本的版面设计。

（10）打印讨论稿。

（11）对讨论稿进行修改。

（12）打印正稿。

（三）广告策划书的创意

创意是广告活动的灵魂，是使广告活动达到广告目标的创造性活动。广告策划书是广告战略与策划的书面表现形式，是广告战略与策划的具体化，也是对整个广告活动过程的描述。因此，广告策划书记录和总结了整个广告活动的创意结晶，涉及的内容主要有战略的决策、策划的制订、广告目标的确定、广告主题的拟定、表达广告诉求的方法、整合运用等多方面的创造性思考。

1. 借鉴剧本写作形式

好的广告策划书就如同一个剧本，要以生动有趣的情节打动消费者。

（1）设定情节。无论什么主题的策划，都必须先考虑限定条件，再对环境进行分析，了解策划全貌，这就像剧本在剧情中会交代故事背景一样。

（2）中心构思。广告策划需要由多种多样的构思组成，就像剧本中的一个个高潮情节，但构思要围绕着一个中心主题展开。

（3）展开主题。广告策划活动需要围绕中心构思进行主题展开，整体策划不能忽略展开后的细节部分，这就像剧本中的配角。

（4）解决问题构思。这个阶段要对逻辑进行验证，说明各种逻辑结构，并拿出原始构思的证明资料等，以便让客户信任设计者提出的广告策划书，这就如同剧本中的真实性取材。

2. 增强视觉化写作

广告策划书写作时，设计者可以通过增强视觉化效果将策划的构思形象生动地描绘出来。增强视觉化常用的方法有两种：一是将策划实行的内容做成流程图，用图解的方式来说明策划，通常可以把实施情况先绘成图表，再辅以文字说明，以弥补图表的不足，这类图示化的说明不仅一目了然，还可以清晰地看出各部分的逻辑关系；二是把策划实行的成果做成模型或者样本，如在开发新产品时，可以将实验品或者样品免费赠送给消费者。

（四）广告策划书的撰写要点

广告策划书的种类丰富多样，有新产品广告、食品广告、旅游广告、生产资料广告、金融广告等，下面列举几个典型的广告策划书的种类要点进行分析。

1. 新产品广告策划书撰写要点

（1）新产品广告策划书一般应首先考虑品牌的定位，将广告表现中的各种要素联系起来，宣传品牌定位。

（2）新产品广告表现应充分利用消费者过去的消费经验和心理体验，制造熟悉氛围；还应该使消费者有新感觉、新体验，对新产品有全新的认识和好感。

（3）新产品首次广告的成功对新产品意义重大，设计者在广告策划书撰写之初就应该注意其对广告创作的指导作用。

2. 食品广告策划书撰写要点

（1）食品广告应明确消费对象。

（2）食品广告和食品包装应注明商品的主要成分、生产日期、保质期、食品使用说明等。

（3）给食品广告制作易识别、易记忆的标志。

（4）食品广告应告知消费者群体色香味等要素。

3. 旅游广告策划书撰写要点

（1）旅游广告需描绘经典特色，可以采用“风景优美”“服务周到”等语句。

（2）旅游广告介绍需详尽，可以将广告设计成游览图，使消费者有计划、有安排地进行旅游活动。

（3）旅游广告采用邮寄的形式会更之有效。

三、项目实训

一份完整的广告策划书文案需要包含以下内容（见表 2-6-1）。

表 2-6-1　完整的策划文案

项目	要求
封面	一份完美的广告策划书要有一个版面精美、要素齐备的封面，以给阅读者留下良好的第一印象。
公司及广告策划小组名单	在广告策划书中提供广告策划小组名单，可以向广告主显示广告策划作业的正规化程度，也可以表示一种对策划结果负责的态度。此名单可以放在封面，也可以单独占用一页。
目录	目录应该列举广告策划书各个部分的标题，必要时还应该将各个部分的联系以简明的图表加以表示。这样一方面可以使策划书显得严谨、规范；另一方面也可以使读者能够根据目录更方便地找到自己想阅读的内容。
前言	前言部分应简明扼要地说明广告活动的时限、任务和目标，必要时还应说明广告主的营销战略。前言还应概述广告策划的目的、进行过程、使用的主要方法以及广告策划书的主要内容。
正文	广告策划书的正文撰写主要分为六个部分，分别为市场分析、市场和广告策略决策部分、广告表现策略、广告媒介策略、广告预算分配策略、总结。

（一）市场分析

市场分析应该包括广告策划过程中所进行的市场分析的全部结果，以便为后续的广告策略部分提供有说服力的依据。

撰写思路：根据企业生存环境分析，判断企业的经营方向和市场方向；通过分析企业的产品，说明广告产品自身具备的特点和优点；根据市场分析的情况，把广告产品与市场中各同类产品进行比较，指出消费者的爱好和偏向；进一步确定诉求点。同时还可以针对广告产品的改进或开发提出建议。

1. 营销环境和行业分析

这一部分应列出经济、技术、产业政策、人口、文化、自然等营销环境中与广告战略有关的最重要的因素，说明各个因素的影响和重要性。环境因素不可能也不需要全都罗列出来，撰写广告策划书的关键不在于详尽或包罗万象，而在于选择几项真正能说明形势的重要因素，说明这些因素与目前的广告战略之间的联系。企业市场营销环境中的重要因素如表 2-6-2 所示。

表 2-6-2 企业市场营销环境中的重要因素

<table>
<tr><th>项目</th><th colspan="2">主要内容</th></tr>
<tr><td rowspan="7">宏观制约因素或有利因素</td><td rowspan="3">企业目标市场所处区域的宏观经济形势</td><td>总体的经济形势</td></tr>
<tr><td>总体的消费态势</td></tr>
<tr><td>产业的发展政策</td></tr>
<tr><td rowspan="2">市场的政治、法律背景</td><td>是否存在有利或不利的政治因素影响产品的市场</td></tr>
<tr><td>是否存在有利或不利的法律因素影响产品的销售和广告</td></tr>
<tr><td rowspan="2">市场的文化背景</td><td>企业的产品与目标市场的文化背景有无冲突之处</td></tr>
<tr><td>这一市场的消费者是否会因为产品不符合其文化需求而拒绝产品</td></tr>
<tr><td rowspan="2">微观制约因素</td><td colspan="2">产品的供应商与企业的关系</td></tr>
<tr><td colspan="2">产品的营销中间商与企业的关系</td></tr>
<tr><td rowspan="14">市场概况</td><td rowspan="6">市场的规模</td><td>整个市场的销售额</td></tr>
<tr><td>市场可能容纳的最大销售额</td></tr>
<tr><td>消费者总量</td></tr>
<tr><td>消费者总的购买量</td></tr>
<tr><td>以上几个要素在过去一个时期中的变化</td></tr>
<tr><td>未来市场规模的发展趋势</td></tr>
<tr><td rowspan="4">市场的构成</td><td>构成这一市场的主要产品的品牌</td></tr>
<tr><td>各品牌所占的市场份额</td></tr>
<tr><td>在市场上居主要地位的品牌</td></tr>
<tr><td>与本品牌构成竞争关系的品牌的未来市场构成的变化趋势</td></tr>
<tr><td rowspan="3">市场构成的特性</td><td>市场有无季节性</td></tr>
<tr><td>市场有无暂时性</td></tr>
<tr><td>市场有无其他突出的特点</td></tr>
<tr><td colspan="2">行业的市场运行模式</td></tr>
</table>

续表

项目	主要内容
营销环境分析总结	机会与威胁
	优势与劣势
	重点问题总结

2. 消费者分析

消费者相关因素分析如表 2-6-3 所示。

表 2-6-3　消费者相关因素分析

项目	主要内容	
消费者的总体消费态势	现有的消费时尚	
	各种消费者消费本类产品的特性	
消费者分析与目标市场描述	确认市场细分	
	主要细分市场	
	次要细分市场	
	细分市场特征（地理环境、人口统计、消费心态、消费行为等）	
现有消费者分析	现有消费群体的构成	现有消费者的总量
		现有消费者的年龄
		现有消费者的职业
		现有消费者的收入
		现有消费者的受教育程度
		现有消费者的地域分布
	现有消费者的消费行为	购买的动机
		购买的时间
		购买的频率
		购买的数量
		购买的地点

续表

项目	主要内容	
现有消费者分析	现有消费者的态度	对本产品的喜爱程度
		对本品牌的偏好程度
		对本品牌的认知程度
		对本品牌的指名购买程度
		使用后的满意程度
		未满足的需求
潜在消费者分析	潜在消费者的特征	潜在消费者的总量
		潜在消费者的性别
		潜在消费者的年龄
		潜在消费者的收入
		潜在消费者的职业
		潜在消费者的受教育程度
	潜在消费者现在的购买行为	现在购买哪些品牌的产品
		对这些产品的态度如何
		有无新的购买计划
		有无可能改变计划购买的品牌
	潜在消费者被本品牌吸引的可能性	潜在消费者对本品牌的态度
		潜在消费者需求的满足度
消费者分析的总结	现有消费者	机会与威胁
		优势与劣势
		主要问题点总结
	潜在消费者	机会与威胁
		优势与劣势
		主要问题点总结

续表

<table>
<tr><th>项目</th><th colspan="2">主要内容</th></tr>
<tr><td rowspan="3">消费者分析的总结</td><td rowspan="3">目标消费者</td><td>目标消费群体的特性</td></tr>
<tr><td>目标消费群体的共同需求</td></tr>
<tr><td>如何满足他们的需求</td></tr>
<tr><td rowspan="3">对企业既往定位策略的分析与评价</td><td colspan="2">企业的既往产品定位</td></tr>
<tr><td colspan="2">定位的效果</td></tr>
<tr><td colspan="2">对既往定位的评价</td></tr>
<tr><td rowspan="3">新产品的定位策略</td><td colspan="2">从消费者需求的角度</td></tr>
<tr><td colspan="2">从产品竞争的角度</td></tr>
<tr><td colspan="2">从营销效果的角度</td></tr>
<tr><td rowspan="2">对新产品定位的表述</td><td colspan="2">新定位的表述</td></tr>
<tr><td colspan="2">新定位的依据与优势</td></tr>
<tr><td>提出品牌价值主张</td><td colspan="2">—</td></tr>
<tr><td rowspan="2">各目标市场的营销组合概述</td><td colspan="2">目标市场选择的依据</td></tr>
<tr><td colspan="2">目标市场选择的策略</td></tr>
</table>

3. 产品分析

产品各项因素分析如表 2-6-4 所示。

表 2-6-4　产品各项因素分析

<table>
<tr><th>项目</th><th colspan="2">主要内容</th></tr>
<tr><td rowspan="4">产品特征分析</td><td rowspan="4">产品的性能</td><td>产品的主要性能</td></tr>
<tr><td>产品最突出的性能</td></tr>
<tr><td>产品最适合消费者需求的性能</td></tr>
<tr><td>产品的哪些性能
还不能满足消费者的需求</td></tr>
</table>

续表

<table>
<tr><th>项目</th><th colspan="2">主要内容</th></tr>
<tr><td rowspan="25">产品特征分析</td><td rowspan="4">产品的质量</td><td>产品是否属于高质量的产品</td></tr>
<tr><td>消费者对产品质量的满意度</td></tr>
<tr><td>产品的质量能否继续保持</td></tr>
<tr><td>产品的质量有无继续提高的可能</td></tr>
<tr><td rowspan="2">产品的价格</td><td>产品的价格
在同类产品中居于什么地位</td></tr>
<tr><td>产品的价格与产品质量的契合度</td></tr>
<tr><td rowspan="3">产品的材质</td><td>消费者对产品价格的认识</td></tr>
<tr><td>产品的主要原料</td></tr>
<tr><td>产品在材质上有无特别之处</td></tr>
<tr><td rowspan="4">生产工艺</td><td>消费者对产品材质的认识</td></tr>
<tr><td>产品的生产工艺</td></tr>
<tr><td>产品在生产工艺上有无特别之处</td></tr>
<tr><td>消费者是否喜欢用这种工艺生产的产品</td></tr>
<tr><td rowspan="5">产品的外观与包装</td><td>产品的外观和包装是否与产品的质量、价格和形象相符</td></tr>
<tr><td>产品在外观和包装上有无欠缺</td></tr>
<tr><td>产品外观和包装摆放在货架上，
是否能从同类产品中突显出来</td></tr>
<tr><td>产品外观和包装对消费者是否有吸引力</td></tr>
<tr><td>消费者对产品外观和包装的评价如何</td></tr>
<tr><td rowspan="6">与同类产品的比较</td><td>性能上的优势及不足</td></tr>
<tr><td>质量上的优势及不足</td></tr>
<tr><td>价格上的优势及不足</td></tr>
<tr><td>材质上的优势及不足</td></tr>
<tr><td>工艺上的优势及不足</td></tr>
<tr><td>在消费者的认知和购买方面的优势及不足</td></tr>
</table>

续表

项目	主要内容	
产品生命周期分析	产品生命周期的主要标志	
	产品处于什么样的生命周期	
	企业对产品生命周期的认知	
产品的品牌形象分析	企业赋予产品的形象	企业对产品形象的考虑情况
		企业为产品设计的形象如何
		企业为产品设计的形象有无不合理之处
		企业是否向消费者传达了产品形象
产品的品牌形象分析	消费者对产品形象的认知	消费者认为产品的形象如何
		消费者对产品的认知形象与企业设定的形象是否相符
		消费者对产品形象的预期如何
		产品形象在消费者认知方面有无问题
产品的诉求点分析	产品的卖点	
	产品的诉求点	
	消费者与产品诉求点的契合	
产品分析的总结	产品特性	机会与威胁
		优势与劣势
		主要问题点总结
	产品的生命周期	机会与威胁
		优势与劣势
		总结主要问题点
	产品的形象	机会与威胁
		优势与劣势
		总结主要问题点
	产品的诉求点	机会与威胁
		优势与劣势
		总结主要问题点

4. 企业分析与竞争对手分析

企业分析与竞争对手分析的主要内容如表 2-6-5 所示。

表 2-6-5 企业分析与竞争对手分析

项目	主要内容
企业在竞争中的地位	市场占有率
	消费者认知
	企业自身的资源和目标
企业的竞争对手	对主要竞争对手的界定
	竞争对手的基本情况
	竞争对手的优势与劣势
	竞争对手的策略
企业与竞争对手的比较	机会与威胁
	优势与劣势
	总结主要问题点
企业和竞争对手以往的广告活动概况	开展的时间
	开展的目的
	投入的费用
	主要内容
企业和竞争对手以往广告的目标市场策略	广告活动针对什么样的目标市场进行
	目标市场的特性如何，目标市场策略的合理之处及不合理之处
企业和竞争对手的产品定位策略	—
企业和竞争对手以往的广告诉求策略	诉求对象是谁
	诉求重点如何
	诉求方法如何
企业和竞争对手以往的广告表现策略	广告主题创意的合理之处及不合理之处
	广告创意的优势及不足

续表

项目	主要内容
企业和竞争对手以往的广告媒介策略	媒介组合的合理之处及不合理之处
	广告发布的频率有何优势和不足
广告效果	广告在消费者认知方面有何效果
	广告在改变消费者态度方面有何效果
	广告在消费者行为方面有何效果
	广告在直接促销方面有何效果
	广告在其他方面有何效果
	广告收获的效益如何
总结	竞争对手在广告方面的优势
	企业自身在广告方面的优势
	企业现有广告中应该继续保持的内容
	企业现有广告的明显劣势

（二）市场和广告策略决策

本部分主要包括市场策略和广告策略两个层面的内容。按照上文的分析，本部分应从市场和广告两个层面分别明确“问题在哪里”以及“如何解决问题”，最终使提出的广告策略具有比较强的说服力。如根据市场定位和市场研究结果，阐明广告策略的重点，说明为什么以及如何使广告产品在消费者心目中留下深刻的印象；为什么以及用什么方法刺激消费者产生购买兴趣或者改变消费者的使用习惯，使消费者选购和使用广告产品；为什么以及用什么方法扩大广告产品的销售对象范围。有的广告策划书会在这部分内容中提出增设或者单设促销活动计划、公关活动计划等广告活动计划书，并将其作为一份单独的文件提供给客户。

1．市场策略

市场策略的主要内容如表 2-6-6 所示。

表 2-6-6 市场策略

项目	主要内容	
结合市场分析结果	市场和行业环境的要求	
	消费者分析的结论	
	产品分析的结论	
	市场竞争对手分析的要点	
明确市场信息	明确时间范围	
	明确地域范围	
	明确竞争范围	
	明确销售速度	
	明确获取市场的利益	
	明确基本手段	产品定位
		广告诉求
		信息传播的基本原则
	陈述市场目标和市场目的	

2. 广告策略

广告策略的主要内容如表 2-6-7 所示。

表 2-6-7 广告策略

项目	主要内容
结合市场目标和目的	—
说明广告目的	—
说明广告目标	对目标进行量化表述（具体的数量或百分比）
	实现目标所需的时间长度
	提升消费者的认知度、好感度、了解度等
实现目标的基本思路	广告投入力度
	时间范围
	地域范围
	基本方法
	操作步骤

（三）广告表现策略

1. 广告诉求策略

广告诉求策略的主要内容如表 2-6-8 所示。

表 2-6-8　广告诉求策略

项目	主要内容
广告的诉求对象	对诉求对象的表述
	诉求对象的特性与需求
广告的诉求重点	对诉求对象需求的分析
	对所有广告讯息的分析
	对广告诉求重点的表述
诉求方法策略	对诉求方法的表述
	选用诉求方法的依据

2. 广告表现策略

广告表现策略的主要内容如表 2-6-9 所示。

表 2-6-9　广告表现策略

项目	主要内容
广告表现策略	广告表现的风格
	各种媒体的广告表现（平面设计、文案、电视广告分镜头脚本等）
	广告表现的材质
	各媒介广告的规格、制作要求
广告的诉求、主题	—
广告创意策略	广告创意的核心内容
	广告创意的说明

（四）广告媒介策略

广告媒介策略的主要内容如表 2-6-10 所示。

表 2-6-10　广告媒介策略

项目	主要内容
对媒介策略进行总体表述	—
界定媒介目标	到达目标受众
	媒介发布的地域范围
	讯息传播力度
媒介组合策略	策略说明
	媒介选择的依据
	媒介的类别选择
	媒介载体的选择
	媒介组合
	媒介效益
媒介策略说明	到达率和频次
	广告发布的持续性
	广告的内容长短、篇幅大小
	广告发布时机
广告发布频率策略	—
媒介排期与购买	—

（五）广告预算分配策略

广告预算分配策略要提出广告费用开支的数目和具体的分配方案，它是对广告活动经费的匡算和分配计划，也是广告策划整体方案的重要组成部分。广告预算分配策略要根据广告策略的内容，详细列出媒体选用情况及所需费用、每次刊播的价格，最好能制成表格，列出调研、设计、制作等各项费用。

广告预算书一般以图表的形式将广告预算的列支、计划和分配详尽地表示出来。广告预算书的格式以及内容要根据不同业务的需要和所设计的项目情况具体拟定，一般纵列分为项目、开支内容、费用和执行时间，横栏为项目的明晰分类，如市场调研费、广告设计费、广告制作费、广告媒体租金、服务费、促销与公关费等。广告预算书后一般还要附加一段对预算书的内容进行解释的说明文字，如图 2-6-1 所示。

广告预算书的格式和内容不能千篇一律，要按照具体的业务项目而定。有的项目可以具体化，如其他杂费开支一栏可具体分为运输、差旅、劳务等费用，也可以增设项目，如广告机构办公费或者管理费、人员工资或者服务费等。

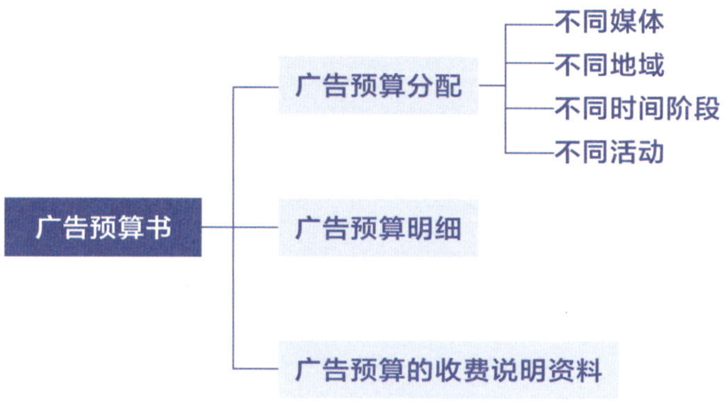

图 2-6-1　广告预算书

（六）总结

广告策划书的总结部分应该是鼓励性的话语，要观点突出、简明扼要。必要时总结部分可以是对双方的合作产生良好的预期效果，或者是对策划书的不足给予补救。

以上所列要点仅作为参考，在具体实践过程中，策划人员可以针对不同策划个案的要求，有选择性地加以参考。

策划示例

“贵茶集团·抹茶”广告策划书

人生百态·抹茶原生态

二〇二二年六月

策划人：李鹭瑶

目录

第一章　市场调查与分析

一、营销环境分析

二、消费者分析

三、产品分析

四、市场竞争分析

五、问题与机遇总结

第二章　广告战略与策划

一、制订广告战略

二、制订广告策划

三、广告创意和表现

四、广告媒体策略

第三章　广告计划

一、广告发布计划

二、广告预算

第四章　广告效果预测和监控

一、广告效果

二、广告效果预测和监控

第一章　市场调查与分析

一、营销环境分析

随着消费升级，中国抹茶市场需求崛起倒逼供给。虽然中国生产抹茶，但此前我国的抹茶产品主要为日本企业代加工，没有形成完整的供应链体系。目前贵茶集团拥有生态优势、茶树资源优势、标准优势、技术优势和政府支持，完全有能力制作高级别的纯生态抹茶。

二、消费者分析

目标消费者为年龄在18—25岁的青少年和年轻人，其中女性居多，占抹茶消费人群总量的67.5%，消费人群锁定在以下三类人群：

第一类为年轻白领。他们经济稳定，社交广泛，独立自主，具有较高的生活品位，能够较快接受新鲜事物，为紧张快节奏的生活释放一些压力。抹茶明亮活力的形象可以传递时尚的感受，让消费者在美味的香醇体验中放松身心。

第二类为大学生。他们乐观开朗，自信健康，充满朝气与活力，对未来充满斗志与热情，这与抹茶的精神不谋而合。“贵茶集团·抹茶”是优质牛奶配以天然有机的茶叶，美味健康，补充身体能量的同时，倍添活力。

第三类为青少年。青少年大多思想解放，富于幻想，容易接受新事物，追求新颖时尚。

三、产品分析

（1）产品调性：原生态、轻盈自在、创新、天然、健康、舒缓身心。

（2）品牌定位：依靠生态优势、茶树资源优势、标准优势、技术优势和政府支持，致力于打造原生态、纯天然抹茶。

（3）产品卖点：0糖0脂0卡0甜味剂0防腐剂、原生态、纯天然抹茶。

（4）饮用场景：久坐、熬夜、疲劳、运动。

四、市场竞争分析

1. 产业内现有竞争对手的竞争强度

目前抹茶产业的国内厂商相对较多，比如康师傅曾推出抹茶口味的苏打饼干，元祖也有抹茶口味的蛋糕、泡芙等产品，抹茶行业集中度较高。但是消费者对各种不同的抹茶产品认知是不同的，对于不同品牌的抹茶评价不尽相同，不同的人对抹茶口味的喜爱程度也不尽相同，所以该行业差异化程度较大。

2. 市场和行业现状

在我国，抹茶于近年来才开始呈复兴之态。行业退出障碍较小，固定资产转换成本较低，退出该行业对其他行业影响较小，退出的费用也不是很高，由于对经济和失业率的影响较小，所以政府和社会约束也较小。

3. 抹茶产品的替代品威胁

抹茶产业中的产品存在着与之替代关系非常密切的替代品，所以该产业的产品利润会受到替代品的威胁。抹茶类甜点的替代产品较多，如糕点类中的巧克力口味、香草口味等经典产品会成为首选的替代品。

五、问题与机遇总结

以 SWOT 法进行问题与机遇总结。

1. S：优势

（1）市场尚未饱和。目前仍存在较大利润空间以及数目较为庞大的抹茶消费人群，市场前景好，竞争对手数目与实力有限。

（2）市场口碑好。“贵茶集团 · 抹茶”一直都很注重品牌的建设与推广，一个品牌只有把自己的口碑做好了，消费者才会慕名而来。

（3）供应链完善，拥有生态优势、茶树资源优势、标准优势、技术优势和政府支持。

2. W：劣势

（1）抹茶品类相对小众，受众面窄。

（2）宣传力度较小。

3. O：机会

（1）市场上的大部分抹茶并非原生态，这让消费者望而却步。贵茶集团对于原料精益求精，所有的原料都是产地直销的，以几近苛刻的标准选材，稳定抹茶口感。

（2）消费者品位越来越高，简单的抹茶产品远远不能满足消费者要求，消费者开始认知抹茶的品牌、风格。独特的产品风格更能吸引消费者。在产品表面制作一些可爱的、特殊的小图案更能引起消费者，尤其是年轻女孩们的喜爱。

4. T：威胁

（1）制作抹茶的商家渐渐多了起来，因为抹茶做工不是很复杂，所以很容易被抄袭。其他品牌的抹茶商家逐渐成长了起来，成为竞争者。

（2）品牌缺少差异化，市场同质化严重，产品缺少自身独特优势。

总结：优势强于劣势，机会大于威胁，“贵茶集团 · 抹茶”应保证品质，”同时与时俱进，不断创新。

第二章　广告战略与策划

一、制订广告战略

（1）目标市场：线上线下齐力推出。

（2）消费者：大多为学生，年龄在18—25岁之间。

（3）广告目标：洞察Z世代年轻群体的喜好和需求，围绕“人生百态·抹茶原生态”的核心主题，建立目标群体对品牌的认知度、好感度和美誉度，实现品牌和产品在年轻群体中的快速渗透。

（4）产品定位：依靠生态优势、茶树资源优势、标准优势、技术优势和政府支持，致力于打造原生态、纯天然抹茶。

二、制订广告策划

（1）对广告主题的表述：突破不纯正因素对抹茶广告的影响，旨在扩大抹茶现有的消费者群体，开发更多的市场机会。

（2）确定广告主题的依据：奶茶消费需求的增加以及消费群体的扩大。

三、广告创意和表现

（1）广告创意的核心内容：主要有三个方面。首先是要凸显出抹茶产品的特色，其次是反映不同人物风貌、场景画面，最后是表现不同风貌的消费者喜爱抹茶的不同风格。

（2）广告创意的说明：广告画面柔和，亮丽，富有现代感。该广告核心特色在于通过场景、人物选择、人物风貌实现、人物出场顺序（跟主流消费者挂钩）反映产品风格。

四、广告媒体策略

（1）对媒介策略的总体表述：多元化宣传模式，可以概括为“两个中心，多个基本点”。

（2）媒介的地域：不进行具体的限制，只要是有消费者并且消费者有消费需求的地域，都可以成为该产品广告的宣传地域。

（3）媒介的类型：短视频平台，广播，互联网，电视等。

（4）媒介的选择：现有的媒体传播方式中最有效直接的是网络传媒，它贴近消费者生活，而且普及度较高，因而是广告传播的必选途径。

（5）媒介组合策略：以网络传媒为中心，广播，广告等多种媒介组合传播。

（6）广告发布时机策略：适合抹茶消费和传播季节的前一段时间。

第三章　广告计划

一、广告发布计划

（1）广告发布的媒介：电视。

（2）广告投放计划：选择高收视综合频道与高热度短视频软件播出相结合，根据如今的媒体情况，主要选择在抖音、小红书等热门软件播放和一些影视平台（腾讯视频、芒果TV、优酷等）的多次播放相结合。

二、广告预算

广告的策划创意费用 ———————————— 2 000 元
广告设计费用 ———————————————— 3 000 元
广告制作费用 ———————————————— 5 000 元
广告媒介费用 ———————————————— 10 000 元
其他活动所需要的费用 ——————————— 10 000 元

第四章　广告效果预测和监控

一、广告效果

这次抹茶的广告从抹茶本身特质来着手宣传，打破了人们“中国抹茶不纯正”的刻板印象，以在中国制作的纯天然、原生态的抹茶产品，展示了该公司拥有抹茶制作标准和技术手段的优势，扩大了本产品的知名度。本次广告带有一定的公益性，与以往产品广告一味强调产品特性、优点等有所不同。这次广告投入不会太大，主要以原生态，天然茶叶为基点，表现一抹成茶。

二、广告效果预测和监控

1. 广告效果的预测

派出公司的调研人员用调查问卷的形式面对市场进行调研，了解消费者对该广告主题创意以及文案的看法、满意度及接受程度。将结果交与贵茶集团，由专业人士根据调研结果对广告的效果进行预测。

2. 广告效果的监控

广告上映一定时间后，观察产品的销售情况，将其与广告上映前的销售数据做出详细比较，检测广告是否达到预期效果。如超出预期效果或与预期效果差距不大，则加大力度推行此广告（增添广告上映次数）。如与预期差距较大，则先保持原有上映的广告或相应取消一些时间段的该广告，在此期间迅速进行下一个广告的创意文案设计。

■ 实训活动：撰写广告策划书

活动目标

（1）撰写广告策划书，明确广告策划的框架结构和各章节的大致内容，注重逻辑性思维的培养。

（2）通过撰写广告策划书，培养创造性思维，加强语言的表达能力和组织文字的能力。

活动准备

根据前期对地方企业或者品牌进行的广告市场调研、策略单、广告创意、广告策划文案等系列化设计，进行企业或者品牌广告策划书的撰写。

活动步骤

（1）拟定广告策划书的大纲结构及各章节的大致内容。

（2）确定各章的具体内容，形成广告策划书文本。

（3）进行广告策划书的封面设计、版式设计。

（4）打印、修改广告策划书，形成正稿。

感悟与评价

（1）活动感悟。在撰写广告策划书时，具体的框架结构应如何细分？谈谈你在撰写过程中的心得和体会。

（2）活动评价（见表 2-6-11）。

表 2-6-11　撰写广告策划书活动评价表

评价内容	评价标准	活动评价		
		学生自评	学生互评	教师评价
拟定广告策划书的框架结构和各章节的大致内容	广告策划书框架结构和章节内容的逻辑性、衔接性	☆☆☆	☆☆☆	☆☆☆
确定各章节的具体内容	广告策划书表现形式的生动性、创意性	☆☆☆	☆☆☆	☆☆☆
广告策划书的封面设计、版面设计	广告策划书封面设计、版面设计的统一性、协调性、独特性	☆☆☆	☆☆☆	☆☆☆
完善广告策划书的内容，形成正稿	广告策划书的整体性与规范性	☆☆☆	☆☆☆	☆☆☆
合计		共计________☆		

任务七 广告媒介策划

一、课程要求

任务目标： 通过广告媒介策划的学习，了解广告媒体的种类和特征，明确平面广告的形态特征、构成要素、媒体特性，掌握新媒体广告设计的形态、种类、广告特性等，掌握广告媒体策划的流程，并进行设计项目实训。

任务时间： 4 学时。

任务作业： 广告媒体的选择。

二、探索新知

（一）广告媒体的种类及特征

媒介策划需要媒介策划人员在策划时解答下面一系列问题，并作出相应的决策。当提出问题或者作出决策时，媒介策划人员可以将提议或者基本原理汇总成正式的文本，形成广告媒介策划。

媒介策划人员需解决的问题。

（1）我们需要达到多少目标受众？

（2）应该在什么媒体上投放广告？

（3）目标受众每月接触每一条广告的频次应为多少？

（4）广告应该投放在哪几个月份？

（5）广告应该投放于哪个市场或领域？

（6）应该在每个媒体上投入多少资金？

广告媒体可以分为传统媒体广告和新媒体广告等。

传统媒体通常是指报纸、杂志、广播、电视、户外广告等媒体。对广告媒体进行划分是为了便于研究广告视觉传达在不同广告形式中的特性和规律，探讨广告视觉表现的共性和个性。目前，我国对广告媒体进行分类的方法由于诠释的角度不同而有所差（见表 2-7-1）。

表 2-7-1　广告媒体的分类

划分标准	分类
按照广告发布媒体划分	报纸广告
	杂志广告
	广播广告
	电视广告
	户外广告
	交通广告
	邮递广告
按照广告目的划分	商品促销广告
	企业形象广告
	社会公益广告
按照广告发布地区划分	地区性广告
	全国性广告
	在海外发布的广告
按照广告对象划分	招生广告
	竞赛广告
	会议广告
	食品广告
	药品广告
	服装广告
	金融广告
	家电广告
	服务娱乐广告
按照广告在空间中存在形态划分	平面广告
	户外广告
	电波广告
	新媒体广告

我们以平面广告为主，进行详细阐述。平面广告形式有着悠久的历史，它伴随着人类商品交易活动的逐渐发达而出现并逐渐发展，商业的发展使我们的生活中充满着形形色色的平面广告，直到现在，平面广告仍然是应用范围最广，形态构成最为复杂的广告媒体形式。在科学发展迅速

的今天，平面广告将在科技进步的推动下具有更大的发展空间，显现出更大的活力。

1．平面广告的形态特征

尽管平面广告媒体形态构成较为复杂，但从它在空间存在的形态来看，平面广告以二维的形式存在，通过印刷复制来实现其实用价值并进行信息的传达和发布的一类广告媒体。

平面广告的传播费用低、效率高，其优势主要表现在它可以充分利用大众传播媒介，如报纸、杂志、旅游指南等大量发行广告，与公众保持高接触率，可以利用平面广告市场的广阔覆盖率来更加快速地抓住目标群体。

2．平面广告的构成要素

平面广告还具有灵活性，广告主能够根据目标群体的特点，有针对性地自主选择平面广告发布的形式和形态规格，如海报、宣传样本、贺卡、直邮广告、pop 广告、优惠券等，其特点是信息单纯、准确、集中，可以根据不同的时机和场合针对具体的目标群体来发布广告。

一幅平面广告从设计的角度来讲通常由文案、图形、色彩、版面编排四个方面要素组成。在平面广告创作的流程中，文案部分通常是先行的，它首先确定了广告表现的诉求点和风格。图形是根据文案的策划而设计的。在平面广告作品中，文案部分一般包括广告标题、宣传口号、广告正文以及商品和企业的相关信息。在具体的平面广告创作中，根据策划创意的风格及媒体的不同特性，广告文案的信息量可多可少，可以是一篇说明文章，通常会以最简洁、生动和准确的语言来传递信息，吸引消费者，引发其购买欲望，这应该也是所有广告视觉传达设计的最终目的。如“大广赛创意之我见”平面广告设计作品（见图 2-7-1）由广告标题、宣传口号、附文等组成，将“大”“广”“赛”三个字设计成立体效果，具有强烈的视觉冲击力和表现力。

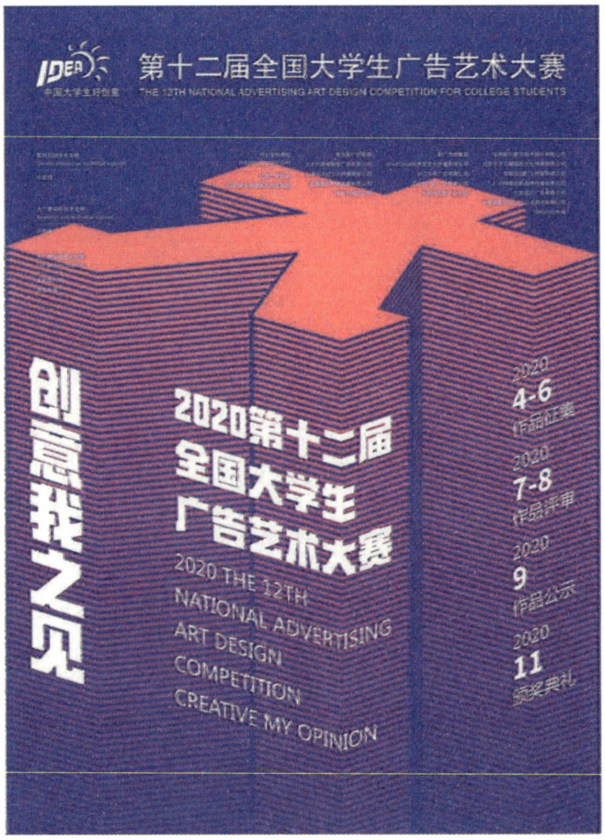

（a）

（b）　　（c）

图 2-7-1 “大广赛创意之我见”平面广告设计作品

图形是平面广告视觉传达表现的最主要部分，它直观地诠释了文案创意，是以视觉表现力来吸引消费者并引发消费者情绪的广告视觉构成要素。在平面广告的创作过程中，图形部分往往是广告设计中精力和费用投入最多的部分，是广告设计人员费尽心力的重点环节。现今的平面广告设计中，用摄影图片进行后期电脑处理是广告图形表现最为常用的手法，这种方法能带给人们精美、真实的视觉印象；还有常采用的插画表现形式，它能达到摄影图片所不能及的个性化和丰富的视觉艺术表现力。如“网易云傲娇者——猫”平面广告设计作品（见图 2-7-2）将“网易云”推送的“傲娇者”——猫拟人化，刻画其妩媚、傲娇的形象，该作品以插画的形式进行设计表达，展现了独特的个性和艺术魅力。

平面广告表现中的色彩应用会受到商品的属性、性格和设计定位的制约，不可能像绘画表现一样随心所欲，这就会使平面广告设计受到大众美学和色彩审美心理学因素的影响，因此平面广告对广告设计者的美学素养和敏锐的色彩把握能力具有较高的要求。色彩的基调容易给消费者的情绪带来影响，因此，设计者应充分利用色彩的视觉心理效应，结合商品或者企业的形象特点来表现广告的性格、迎合广告受众的审美取向，以使消费者产生认知、理解和心理共鸣。如“爱华仕箱包”广告设计作品（见图 2-7-3）以红色、橙色、紫色等相似色为主，给人营造温暖的冬日情景，体现青年人勇往直前、不畏艰难的信念和决心。

版面编排设计是文案、图形、色彩要素的整合与设计，也就是进行画面结构和秩序的安排，它是构成画面视觉风格的觉醒性因素。以往国内的很多广告设计往往只重视文案、图形、色彩的表现，而忽略了整体版面的编排对画面效果的影响力。对电影感兴趣的人都知道“蒙太奇”原理，同样的三组镜头在不同的组接下可以表现出完全不同的意思，广告的版面编排设计也是一样的，相同的文字、图形和色彩可以通过编排手法表现出完全不同的视觉性格和情绪。如“娃哈哈非常可乐”广告设计作品（见图 2-7-4）以“娃哈哈”瓶身为中心进行版面编排设计，给人平和稳定的视觉感受。

（a）

（b）　　　　（c）

图 2-7-2 “网易云傲娇者——猫”平面广告设计作品

（a）　　　　　　　　（b）

图 2-7-3　“爱华仕箱包”广告设计作品

（a）　　　　　　　　（b）

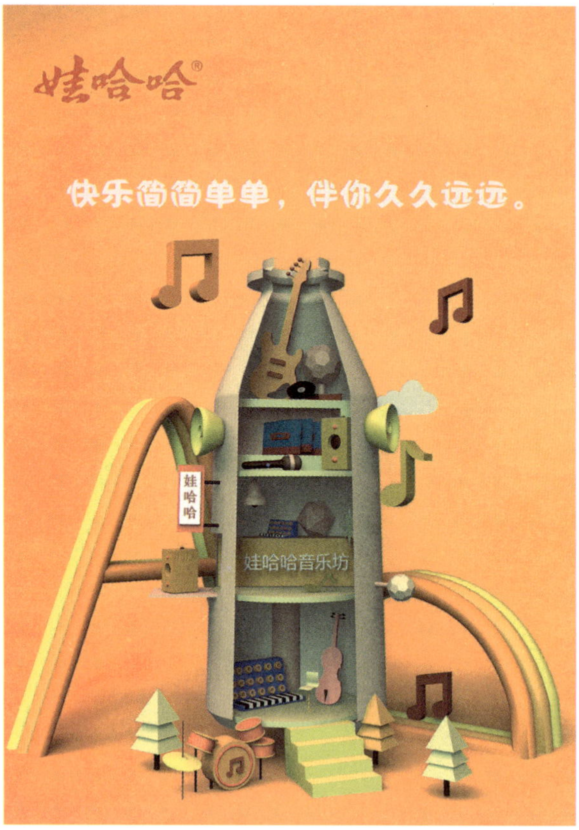

(c)

(d)

(e)

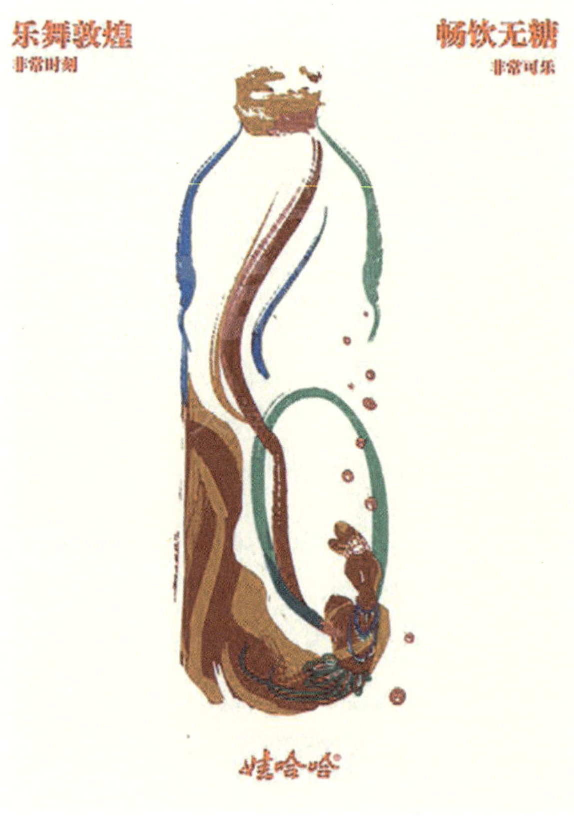

(f)

图 2-7-4 “娃哈哈非常可乐”广告设计作品

3. 平面广告的媒体特性

平面广告媒体逐渐成为最贴近广告消费者的媒体方式，平面广告媒体有很多优势，但同时也存在着一些劣势，如表 2-7-2 所示。

表 2-7-2　平面广告优劣势

	内容
优势	媒体的大众性
	地域和受众的针对性
	传达的时效性
	表现形式的灵活性
	视觉效果精美丰富
劣势	广告发布不及时
	发布覆盖率低
	成本较高
	有效发布寿命短
	缺乏动感和声效

平面广告媒体的优势表现在以下几个方面。

（1）媒体的大众性。以报纸和杂志为代表的大众媒体，通过发行渠道可以渗透到公众的各个消费群体层当中，报纸和杂志广告具备了大众性的特点。

（2）地域和受众的针对性。报纸和杂志一般都具有相对固定的受众群体，他们具有相同的兴趣和爱好，如喜欢运动的人会关注运动类杂志，家庭主妇会关注购物指南类杂志等。

（3）传达的时效性。传达的时效性是指平面广告媒体可以随着发行渠道、邮递渠道或者其他发放渠道及时地将广告传达给受众。

（4）表现形式的灵活性。平面广告媒体表现形式多样，创作较为简便，制作工艺不是特别复杂，印刷制作手段精美丰富，展现在受众面前的形态、规格、格调等也都丰富多样。

（5）视觉效果精美丰富。平面广告媒体大多数通过精美的印刷来体现视觉效果，丰富的色彩和印刷工艺表现能够使受众产生视觉享受及心理享受。

平面广告媒体的劣势表现在以下几个方面。

（1）广告发布不及时。相对于互联网广告以及电波广告而言，平面广告媒体具有广告发布不及时的劣势。

（2）发布覆盖率低。平面广告媒体不具有互联网广告以及电波广告那样广阔的发布覆盖范围和高频率的发布次数。

（3）成本较高。平面广告前期的准备、编辑、制作需要较长的周期，印制的数量相对要多，这就造成了平面广告媒体的成本有时相对较高。

（4）有效发布寿命短发。通过发行渠道的平面广告，像报纸、杂志广告等，由于媒体所具有的时效性，所以有效发布寿命较短。

（5）缺乏动感和声效。平面广告缺乏动感和声效，不如影视广告、广播广告动感十足、音画并存的视听觉震撼，相对来说，没有电视、电台之类的媒体信息传达得及时和迅速。

（二）新媒体广告设计

新媒体与传统媒体有所不同，它是指以高科技为支撑，以互联网为载体的广告信息传达载体，是利用计算机技术将图形、文字、声音、影响结合在一起的所有新兴传播媒体。新媒体广告就是指利用这种新兴传播媒体为发布载体的广告形式。

1. 新媒体广告的形态种类

目前新媒体广告的表现形式主要有网络媒体广告、电子出版物广告、公共信息电脑触摸屏广告、大型电子屏广告、互动电视广告、手机 App、微信公众号等。

2. 互联网媒介的广告

Internet 是国际计算机互联网的英文名称，是目前世界上影响最大、最为开放的一种全球性信息资源网。它是由不同类型的计算机、局域网、校园网以及各个国家的各种类型的网络组成的庞大的计算机网络体系，其上存储着大量的信息资源可供世界各地的网络用户查询和使用。互联网也成为一种新型的重要广告媒体方式。

从目前来看，企业根据自身的需求通过互联网发布的广告一般有以下几种形式。

（1）主页式。主页式是公司在互联网上进行广告宣传的主要形式，网上广告商直接为企业提供域名并制作主页，企业可以在这个主页中自由发布与自己产品有关的信息。这种方式主要适用于企业整体形式的宣传，并可以在此基础上进一步发展企业的电子商务系统。对于大多数公司来说，建立自己的主页是一种必然的发展趋势。

（2）企业黄页式。在互联网上有一些专门的用以查询检索服务的网络服务商的站点，相当于传统的电话号码簿的企业黄页，由广告商将广告企业加以分类，将名称放置在特定的位置，以供用户检索。这种广告发布方式适用于专业性较强的生产性或者经营性企业。

（3）邮件广告。邮件广告是广告主以 E-mail（电子邮件）的方式将广告信息发送给有关的网上用户，所有的 E-mail 使用者都可以按照自己的喜好和兴趣主动地选择订阅一些免费信息。

（4）网页嵌入式。网页嵌入式是在选择好的广告商网页上嵌入广告条。这种广告方式适合于宣传企业新产品，往往会产生意想不到的广告效应。

（5）网上报刊式。国内外著名的报纸和杂志都会在网络上建立自己的 Web 主页，成为一种网上报纸或杂志。

3. 新媒体广告特性

（1）多媒体化。新媒体整合了报纸、广告、电视三个媒体的优势，实现了文字、图片、声音、动画、虚拟空间等传播符号和新媒体科技手段的有机结合，实现了全方位的感官交流沟通。

（2）交互性。交互性是指交流双方的双向互动传播，这是新媒体广告之所以能快速发展的最重要因素之一。新媒体互动性设计的意义在于能够使消费者自行控制着整个浏览的顺序、速度。交互式设计关系着使用者的情绪传达与信息传达，要求以符合人体工程学的策略性方法呈现信息的传递。

（3）多元表现形式。新媒体是多种不同高科技整合的产物，在多媒体中可以自由接收信息，因此，多媒体不仅可以用来学习，也可以用来娱乐或作为信息资源以及行销的工具。设计多媒体需要丰富的创作力构思。新媒体设计包括了信息设计、互动设计以及视觉表现设计等内容，设计高质量的新媒体广告需要许多因素的配合，共同创造出多元化的媒体表现形式。

（三）广告媒体策划的流程与选择

1. 平面广告的制作流程

平面广告的制作流程如图 2-7-5 所示。

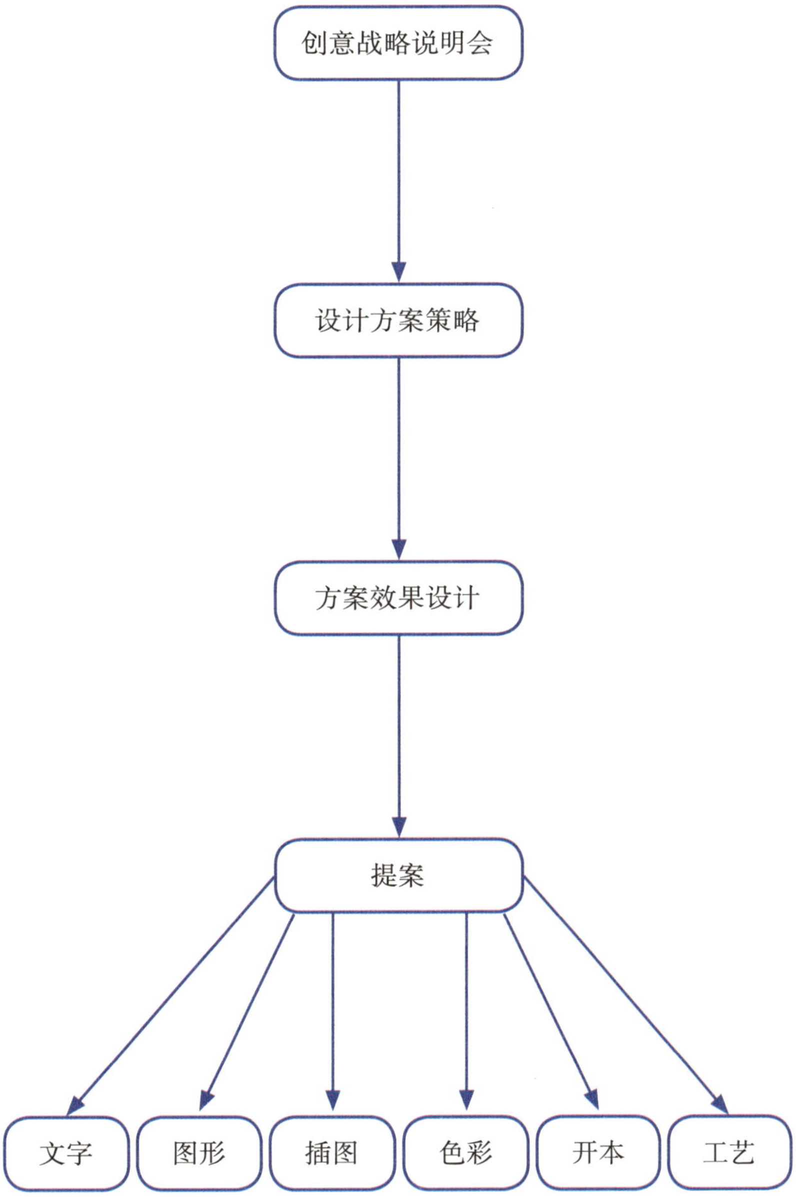

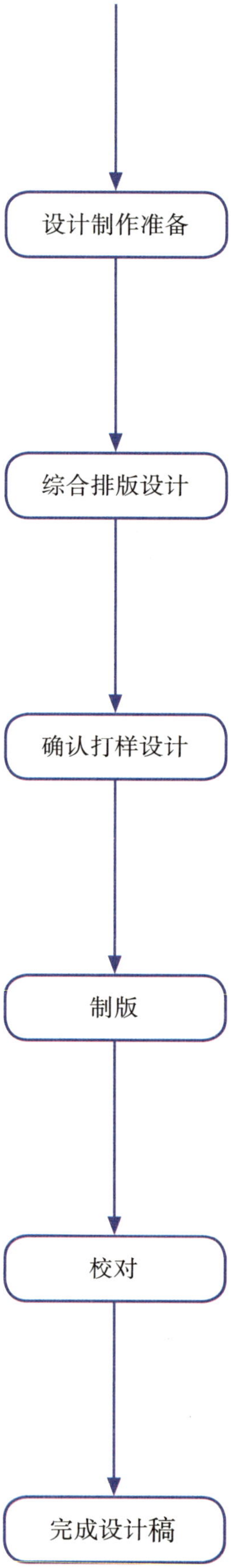

图 2-7-5　平面广告的制作流程图

2. 影视广告的制作流程

影视广告的制作流程如图 2-7-6 所示。

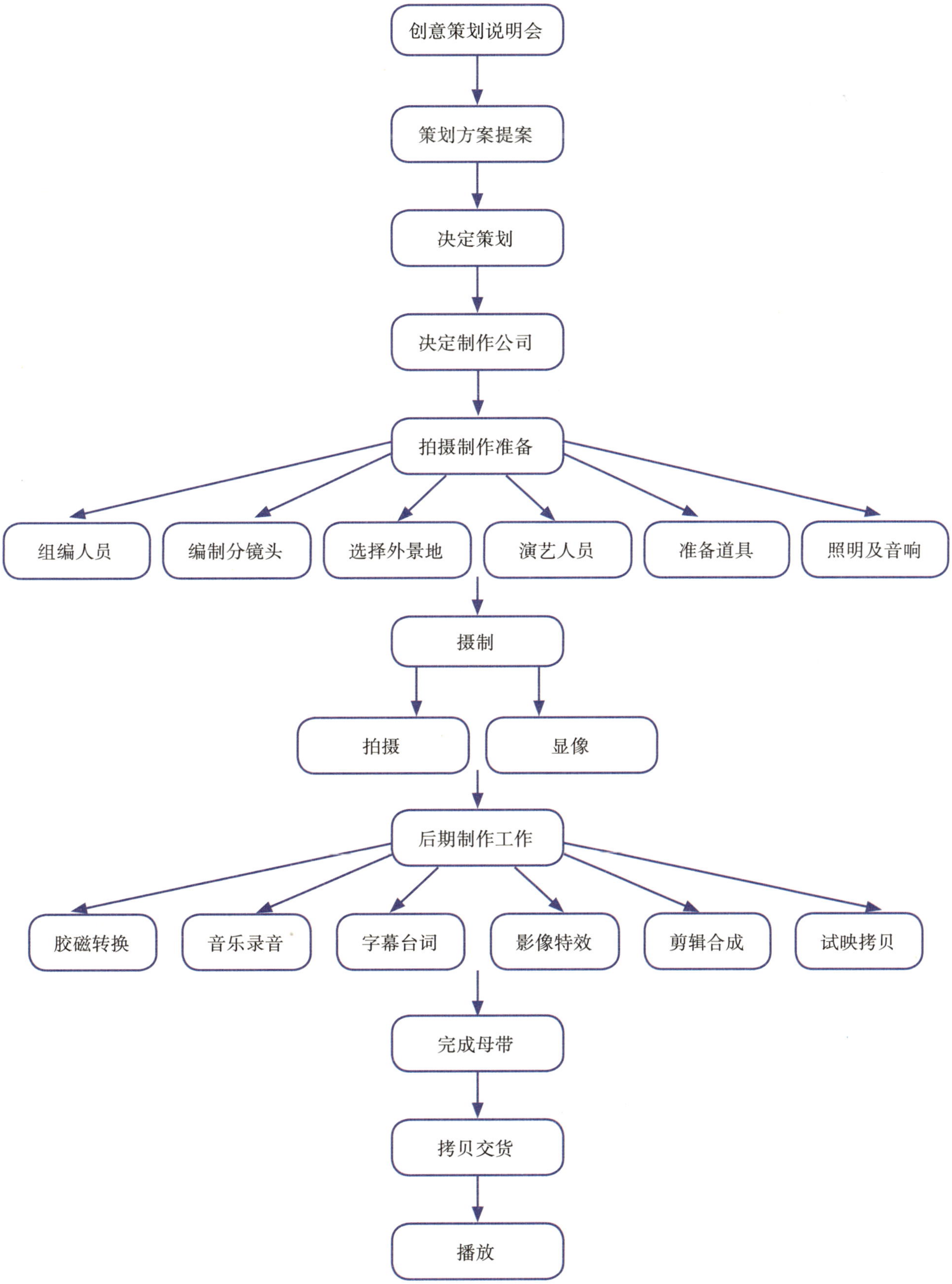

图 2-7-6　影视广告的制作流程图

三、项目实训

■ 项目实训一："爱华仕箱包"广告媒体设计

项目描述

第十四届全国大学生广告设计大赛中的"爱华仕箱包"主要有"爱华仕仙女箱"和"爱华仕小确幸"系列拉杆箱两个主题。

主题一："爱华仕仙女箱"。

"爱华仕仙女箱"是专为年轻用户打造的高颜值氛围感出行搭配单品，全网累计热销超 60 万件，收获无数好评。

产品主推卖点：原创外观专利设计，荣获 2021 年度中国红棉设计奖；5 厘米扩展层，容量加 30%，比同尺寸箱子更能装；珠光磨砂箱体，防刮耐磨；轻盈柔韧材质，单手即可拎起。

主题二："爱华仕小确幸"系列拉杆箱。

该产品为"爱华仕箱包"2022 年重磅主推氛围感搭配单品。

产品主推卖点：潘通流行色，灵动帆船线条，氛围感满满；告别烦琐开箱模式，单手开箱，取物更便捷；稳固抗压窄边铝框箱，提升抗摔防爆力；轻而易举，爬宿舍楼更轻松。

"爱华仕箱包"平面广告设计作品以平面广告设计、网页设计为主，具有强烈的视觉冲击力和视觉美感（见图 2-7-7 至图 2-7-9）。

成果展示

（a）

（b）

（c）

图 2-7-7 “爱华仕箱包”平面广告设计作品 1

（a）

（b）

2-7-8 “爱华仕箱包”平面广告设计作品 2

（a）

（b）

（c）

图 2-7-9 “爱华仕箱包”网页宣传设计作品

■ 项目实训二："HBN"广告媒体设计

"HBN"是凭借抗老功效护肤扬名、并在功效上正面对抗国际大牌的中国品牌，也是极少数能与国际一线大牌一起登上"金妆奖"颁奖台，同时斩获三项"金妆大奖"的中国品牌。"HBN"成立于2019年，以"拥有看得见的效果"的创新理念，打造显著有效的抗老护肤品。其创始人为英国海归独立设计师，核心研发团队由中国科学院博士生导师、博士带队，"HBN"坚持自主研发，拥有多项专研技术。

"HBN"产品的整体定位为淡纹提亮二合一，有效对抗初老，广告媒体设计以平面广告、动画设计为主。"HBN"平面广告设计作品（见图2-7-10）由铜仁学院20级视觉传达设计专业的学生牟相琴设计、教师周祺芬指导，其作品画面具有强烈的视觉冲击力，获得全国大学生广告设计大赛省级赛三等奖。"HBN"动画设计作品（见图2-7-11）由铜仁学院19级视觉传达设计专业的学生王芳美设计、教师张少涛指导，该设计作品因在表现上具有强烈的视觉冲击力和视觉美感，获得全国大学生广告设计大赛国家级优秀奖、省级二等奖。

成果展示

（a）

（b）

图2-7-10 "HBN"平面广告设计作品

▲设计者：20级视觉传达设计 牟相琴

指导教师：周祺芬

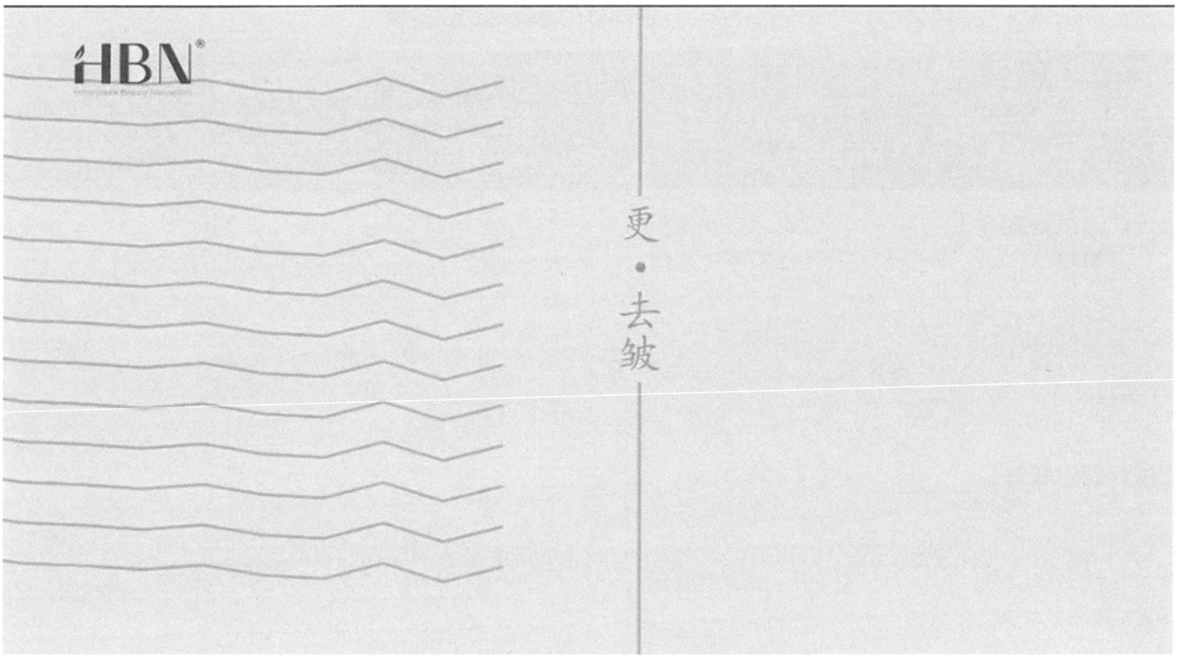

图 2-7-11 “HBN”动画设计作品

▲设计者：19 级视觉传达设计　王芳美

指导教师：张少涛

■ 实训活动：广告媒体的选择

活动目标

（1）在广告媒介策划时，结合企业或者品牌的实际需要进行广告媒体的选择，使设计适用于现代化需求。

（2）通过广告媒体的选择，使广告设计作品更加符合市场化、经济化、社会化。

活动准备

根据前期对地方企业或者品牌进行的广告市场调研、策略单、广告创意、广告策划文案、广告策划书等系列化设计，为企业或者品牌选择适合的广告媒体。

活动步骤

以设计平面广告步骤为例：

（1）在创意战略说明会中确定广告设计方案策略。

（2）确定广告方案效果设计。

（3）形成广告提案设计。

（4）从开本、文字、图形、色彩、工艺等方面进行设计制作准备。

（5）综合排版，确定打样，予以制版。

（6）进行校对，完成广告设计效果稿。

感悟与评价

（1）活动感悟。企业或者品牌在选择广告媒体投放时，遵循了哪些规律？谈谈你的个人看法。

（2）活动评价（见表 2-7-3）。

表 2-7-3　广告媒体的选择活动评价表

评价内容	评价标准	活动评价		
		学生自评	学生互评	教师评价
确定广告设计方案策略	广告设计方案策略的合理性与规范性	☆☆☆	☆☆☆	☆☆☆
广告提案设计	广告提案设计的合理性、生动性与创意性表现	☆☆☆	☆☆☆	☆☆☆
设计制作准备	开本、文字、图形、色彩、工艺等方面的协调性与创意性表现	☆☆☆	☆☆☆	☆☆☆
制版和校对，完成广告设计效果稿	广告设计效果稿的完备性、整体性、规范性	☆☆☆	☆☆☆	☆☆☆
合计		共计________☆		

模块三 广告设计大赛及获奖作品展示

■ 目标导航

知识目标：（1）了解靳埭强设计奖、全国大学生广告艺术大赛、中国大学生广告艺术节学院奖等相关广告赛事的细则。

（2）了解和赏析优秀的广告设计获奖作品，感受设计创意的魅力和设计技法的表达。

能力目标：（1）通过赏析优秀获奖广告设计作品，提升设计思维表达能力。

（2）通过赏析优秀获奖广告设计作品，培养设计创意表现能力。

素质目标：（1）树立正确的人生观、价值观和世界观，让广告设计充满道德情操和人文社会关怀。

（2）培养广告的创造性思维和创新性设计理念。

■ 模块概述

一个优秀的广告设计作品，往往需要主题与故事，以提升作品的吸引力，提高用户的沉浸式体验。设计教育中往往会有意识地培养学生的叙述性与象征性思维，使其作品能实现设计的“表达功能”。设计者在作品中传达一些深刻的含义，并希望被受众所解读，让人们心存审美，心存辨认，这与素质教育的理念是相同的。新时代需要新语言，需要把人文教育的内容用“故事”表述出来，再借由带有象征意味的、具有叙述性的艺术设计作品来呈现，这既锻炼了学生专业技能，训练了其表述手法，又与素质教育内容相融，让广告设计专业课程充满道德情操和人文关怀。

任务一 广告的赛事

广告设计与其他艺术种类一样，具有自身独特的艺术形式和审美价值。广告有许多的展览和赛事活动，定期举办适合广告专业学生参加的赛事，对于提高广告作品的质量、促进广告行业的健康发展、提升广告的社会地位、促进广告表现形式的交流具有积极作用。学生能够参加的广告赛事主要有靳埭强设计奖、全国大学生广告艺术大赛、中国大学生广告艺术节学院奖等。

一、靳埭强设计奖

靳埭强设计奖是由靳埭强先生于 1999 年创办的面向华人设计青年的设计比赛，在这二十几年的实践中，大赛始终秉持着对社会责任的关注。这种社会责任最为核心的一点就是以华人设计青年为核心群体，从设计教育以及设计伦理出发，直切设计教育最容易被忽视的缺失的部分。作为中国设计领域的重要代表人物，靳埭强先生深知对中国当代年轻一代设计从业者来说，最重要的是对根植于文化的那部分历史、传统观念的认知以及作为设计职业从业者的道德素养，这也是一种自我确认和文化自信。

多年来，靳埭强设计奖积极引导并鼓励参赛者创新设计、省思设计。也积极地引导着中国未来设计的栋梁们感受生活本源、传承中国文化。靳埭强设计奖已成为热爱设计的华人青年相互交流与学习、发挥创意与才华、提升设计修养与品位的广阔平台。靳埭强设计奖分为专业组和学生组，大赛致力于以国际先进设计创意理念和具有原创性、本土精神的设计作品推动中国艺术设计教育的发展，用高水准的参评标准启发、引导华人青年设计师的设计思维与理念。作品类型主要包括广告设计、字体设计、标志设计、VI 设计、插图设计、文创设计、包装设计、书籍设计、多媒体设计、空间设计、UI 设计等。

运用任何题材的设计作品都可以作为非主题作品参赛。如 2022 年度靳埭强设计奖大赛以“同理心”为主题（见图 3-1-1），运用各种题材的设计作品以自由主题类参赛。什么是同理心？孔子言：“己所不欲，勿施于人”；孟子道：“恻隐之心，人皆有之”；爱因斯坦说：“生命的意义在于设身处地替人着想，忧他人之忧，乐他人之乐”。回溯过往，人类构建了换位思考的道德价值观，同理心是以他人视角和立场去认知情感的品德与智慧。对内，同理心是一场主体产生认知反映并指向客体的共情独白；对外，同理心是一段情感行为转化作用在主客体间的共鸣对话。同理心是某种感知情境中望见、实现、延续生命的力量之和。立足当下，时空见证了特定语境中的共感体验，浩瀚天地引发了沉浸的情景想象，同理心在某种美好的意识深处。方寸之间，叙事场景的角色认同，是情感映射的共情升华。远眺未来，万物在自然生长中实现价值共融。同理心是正向情感反应与现实世界矛盾达成和解的一种理想心态。

(a)

(b)

图 3-1-1　2022 年度靳埭强设计奖大赛“同理心”主题

二、全国大学生广告艺术大赛

全国大学生广告艺术大赛（简称为“大广赛”）自2005年第一届至2022年，遵循“促进教改、启迪智慧、强化能力、提高素质、立德树人”的竞赛宗旨，成功举办了14届共15次赛事，全国共有1869所高校参与其中，超过百万学生提交作品。大广赛以立德树人为根本，以强教兴才为己任，搭建了以赛促练、以赛促学、以赛促教、以赛促改、以赛立德的实践教学改革平台，将优秀的青年人汇聚起来，激发他们丰富的创造力，培养其创新意识和解决问题的能力。大广赛充分展示了新生代大学生的才艺，帮助其实现自我价值，增强学生们的自信心、自豪感。

大广赛是迄今为止全国规模大、覆盖高等院校广、参与师生人数多、作品水准高、受高校教师欢迎、有较大社会影响力的全国性高校学科竞赛。大广赛的参赛作品分为平面类、视频类、动画类、互动类、广播类、策划案类、文案类、UI类、营销创客类、公益类十大类。赛事由政府指导、学生为主、企业参与、专家评审、专业机构举办，共进行校级、省级、全国的三级选拔和评选。

大广赛整合社会资源、服务教学改革，以企业真实营销项目为命题，与教学相结合，真题真做、了解受众、调研分析、提出策略，在现场提案的过程中实现教学与市场相关联。大广赛实现了高校与企业、行业交互，线上与线下联动，不仅能使学生的实践能力得以提升，同时也让企业文化与当代大学生所学专业课程相融，强化了创新创业、协同育人的理念。

如2022年第十四届全国大学生广告艺术大赛“创意我为王”的主题海报（见图3-1-2），虎是“万兽之王”，代表着勇猛、强大、威严、雄心。浩瀚宇宙，年轻的创意新星带着这股王者气息，不断进取，去寻找创新，探索新世界。

（a）

（b）

（c）

图3-1-2　大广赛“创意我为王”主题海报

“创意我为王”主视觉海报设计（见图 3-1-3）展现的是一个自信昂扬的年轻人手持画笔，用光影描绘虎头的场景。虚拟世界与现实世界的元宇宙中，虎头闪烁着耀眼光芒，虎爪在蓝紫色星云中若隐若现，王者气息扑面而来。画面寓意参赛大学生以智慧为光，敢想敢做，勇于接受挑战，在创意比拼中热情大胆，勇于表达，尽情挥洒，谁与争锋。

第十四届大广赛共有十余个命题方向（见图 3-1-4），学生可根据不同的主题进行合理定位，并从平面类（包装设计、海报设计）、视频类（种草短视频、影视广告、微电影广告）、动画类、互动类、广播类、策划案类、文案类等广告形式中选择适合自己的方式进行广告设计并参赛。

图 3-1-3 “创意我为王”主视觉海报设计

图 3-1-4 第 14 届大广赛命题

三、中国大学生广告艺术节学院奖

中国大学生广告艺术节学院奖（简称“学院奖”）是全国性的大学生广告专业奖项，它号召全国各高校大学生为国内外知名企业提供命题式创意，为广告、市场营销、传播、艺术、设计、新媒体、动画等相关专业学生打造专业的大学生创意活动，学院奖在传播与广告相关专业院校、学生中间具有广泛的影响力。近年来，学院奖的品牌与影响力扩大，不仅有来自我国港澳台地区及其他海外院校的学生参与（见图 3-1-5），部分参赛创意作品更是频频受邀参加国际性的青年创业作品展。

图 3-1-5 “学院奖”主题设计

学院奖由启动仪式、创意大讲堂、作品评选和创意盛典等几大活动组成，各项活动既独具特色，又串珠成链，共同构成了以学院奖为中心的系列学生创意与实践活动，令学子们感受到广告无穷的魅力。中国大学生广告艺术节学院奖 2023 年春季征集大赛已经确定的命题单位如图 3-1-6 所示。

图 3-1-6 “学院奖”2023 春季命题

任务二 “999 感冒灵”广告设计

任务详解

“999 感冒灵”作为药品，与用户沟通的频次较低。出于与年轻用户建立起更高频互动的想法，“999 感冒灵”通过打造健康暖心周边店，大胆跨界，用年轻的文化与用户建立起更深的联系。

方向 1：从感冒场景出发，洞察年轻群体在感冒时未被满足的需求，以温暖用户作为产品设计初心，给用户提供更好的感冒康复体验。

方向 2：脱离感冒场景，围绕“暖暖的很贴心”这一品牌调性，从“暖”的角度出发大胆创意，给用户提供有价值且暖心的周边创意产品。

“999 感冒灵暖心周边店”广告设计要从品牌年轻化的战略出发，希望结合年轻人群的喜好与行为习惯，用年轻人喜闻乐见的方式和内容为“999 感冒灵暖心周边店”创作可落地的周边产品或概念产品广告策划（至少一款），要制订清晰的产品方案或营销传播策略，加强品牌年轻化建设，提升品牌好感度。

任务实践

该系列“999 感冒灵”广告设计作品（见图 3-2-1）由铜仁学院 19 级视觉传达设计专业的学生杨婷设计、教师周祺芬指导，获得全国大学生广告设计大赛国家级优秀奖和省级二等奖。该作品以 24 小时营业的“999 感冒灵暖心周边店”为背景，塑造下雪时、下雨时、晴天时“999 感冒灵便利店”的不同情景。

(a)

(b)

(c)

图 3-2-1 “999 感冒灵”广告设计

▲设计者：19 级视觉传达设计　杨婷

指导教师：周祺芬

该系列“999 感冒灵”广告设计作品（见图 3-2-2）由铜仁学院 19 级视觉传达设计专业的学生李鹭瑶设计、教师周祺芬指导，获得全国大学生广告设计大赛国家级优秀奖和省级三等奖。该作品以“不凉少女”为主题，运用谐音和借喻的手法进行表现：“不做‘帽’（冒）险家”是指女孩佩戴的印有“999 感冒灵”标签的帽子；“一直‘罩’（照）顾你”是指女孩戴着的印有“999 感冒灵”标签的口罩；“有你很‘袜’（哇）噻”是指女孩穿着的“999 感冒灵”标签的袜子。该作品设计富有新意，让人眼前一亮。

(a)

(b)

(c)

图 3-2-2 “999 感冒灵”广告设计作品

▲设计者：19 级视觉传达设计　李鹭瑶

指导教师：周祺芬

任务三 “娃哈哈”广告设计

任务详解

“娃哈哈”创建于 1987 年，在创始人宗庆后的领导下，现已发展成为一家集产品研发、生产、销售为一体的大型食品饮料企业集团，在中国 29 个省、市、自治区建有 80 多个生产基地、180 多家子公司，拥有员工 3 万名，企业规模和效益连续二十年处于行业领先地位。公司产品涵盖包装饮用水、蛋白饮料、碳酸饮料、茶饮料、果蔬汁饮料、咖啡饮料、植物饮料、特殊用途饮料、罐头食品、乳制品、医药保健食品等十余类 200 多个品种，其中纯净水、AD 钙奶、营养快线、八宝粥是家喻户晓的国民产品。2013 年“娃哈哈”设立大学生营销实践基地，2015 年开始参与全国大学生广告艺术大赛，旨在通过竞赛、社会实践等项目，丰富校园文化生活，增强大学生综合能力，提升其职业素养。

方向 1 为非常可乐：非常时刻，非常可乐。

方向 2 为果汁饮品：好果好汁好滋味。

任务实践

该系列“娃哈哈非常可乐”广告设计作品（见图 3-3-1）由铜仁学院 19 级视觉传达设计专业的学生张津津设计、教师周祺芬指导，获得全国大学生广告设计大赛省级二等奖。该作品以“娃哈哈”瓶子为主体，用管道进行营养运输，辅助敦煌壁画中的骆驼、九色鹿、飞天等图案，打造经典国潮饮品。

（a）

(b)

(c)

图 3-3-1 “娃哈哈非常可乐”广告设计作品

▲设计者：19 级视觉传达设计　张津津

指导教师：周祺芬

该系列“娃哈哈”广告设计作品（见图 3-3-2）由铜仁学院 19 级视觉传达设计专业的学生谭慧设计、教师周祺芬指导，获得全国大学生广告设计大赛省级三等奖。该作品以“好果好汁好滋味”为主题，主体采用“娃哈哈”瓶身结合榨汁机的造型，塑造葡萄味、苹果味、芒果味的“娃哈哈”饮品。

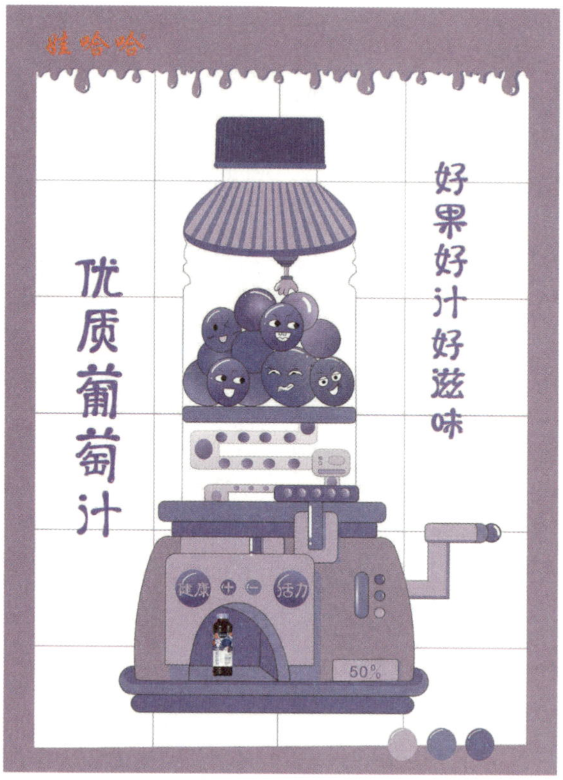

（a）

（b）

（c）

图 3-3-2 “娃哈哈”广告设计

▲设计者：19 级视觉传达设计　谭慧

指导教师：周祺芬

该系列“娃哈哈”广告设计作品（见图 3-3-3）由铜仁学院 18 级视觉传达设计专业的学生张欣设计、教师周祺芬指导，获得全国大学生广告设计大赛省级三等奖。该作品将“娃哈哈”的瓶身简化设计，将灯泡与“娃哈哈”瓶身结合，体现轻简生活的理念；将网络信号标志与“娃哈哈”瓶身结合，体现补充能量的理念。

（a）

（b）

图 3-3-3 “娃哈哈”广告设计作品

▲ 设计者：18 级视觉传达设计　张欣

指导教师：周祺芬

任务四 “爱华仕箱包”广告设计

任务详解

“爱华仕”（OIWAS）成立于 1995 年，几十年专注做好箱包本分，致力于打造品质一流的箱包企业，实现人人拥有“爱华仕”的愿景。“爱华仕”坚持自主研发和创新，以超越行业标准为目标，不断精进品质，每一个箱包从设计到诞生，都必须顺利通过 32 步严苛考验。“爱华仕”旗下产品涵盖拉杆箱、功能背包、时尚女包——象象包以及年轻态产品——小素包等百余个品类，为国人提供全方位、多元化、个性化的生活、旅行解决方案。目前，“爱华仕”门店已遍及北京、上海、广州、深圳以及海外 500 多个城市，成为超 5000 万人次的选择。

任务实践

该系列“爱华仕箱包”广告设计作品（见图 3-4-1）由铜仁学院 18 级视觉传达设计专业的学生代兰珠设计、教师周祺芬指导，获得全国大学生广告设计大赛省级赛三等奖。该作品将箱包比喻成骑行、冲浪、飞行的工具，用“爱华仕箱包”点亮出行色彩，巩固年轻消费群体对“爱华仕箱包”的认知，使“爱华仕箱包”成为年轻人购买箱包的首选。该作品通过创意、新颖的插画表达形式，提升了“爱华仕箱包”在年轻群体中的品牌影响力以及消费者对“爱华仕箱包”的喜爱度。

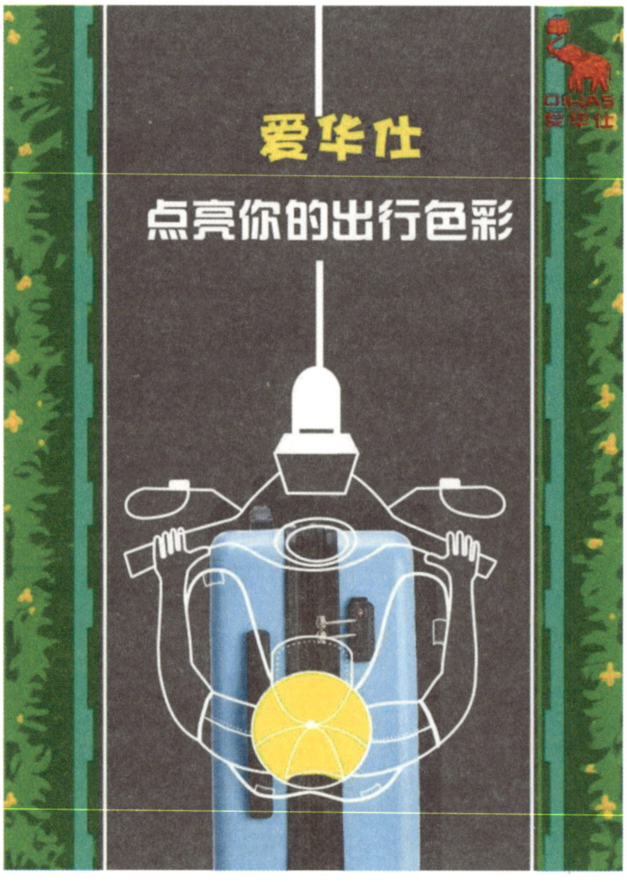

（a）

（b）

（c）

图 3-4-1 “爱华仕箱包”广告设计作品

▲ 设计者：18 级视觉传达设计　代兰珠

指导教师：周祺芬

该系列“爱华仕箱包”广告设计作品（见图 3-4-2）由铜仁学院 19 级视觉传达设计专业的学生吕亚群设计、教师周祺芬指导，获得全国大学生广告设计大赛省级赛二等奖。该作品以“爱华青年”为主题，将衣服、眼镜、键盘、音乐器材等作为设计元素，通过线描与实体的形式表现形成鲜明的对比，使画面表现出强烈的视觉冲击力。

（a）

（b）

图 3-4-2 “爱华仕箱包”广告设计作品

▲ 设计者：19 级视觉传达设计　吕亚群

指导教师：周祺芬

任务五 “100 年润发”广告设计

任务详解

“100 年润发”作为纳爱斯集团高端个人洗护品牌，开创了“植物一派”的洗护发理念。以“润养东方美”为品牌理念，“100 年润发”专注于研究东方发质的需求，传承东方植物养护智慧，结合现代自然科技，针对性解决头皮和头发健康问题，打造了“植物养护”秀发健康调理体系。

“100 年润发”希望通过丰富的广告创意形式，与年轻人搭建沟通桥梁，传递“润养东方美”品牌理念与“水感轻盈蓬松柔顺”的产品功效卖点，使广告具备购买打动力，促进动销转化。

任务实践

该系列“100 年润发”广告设计作品（见图 3-5-1）由铜仁学院 19 级视觉传达设计专业的学生王吉芸设计、教师周祺芬指导，获得全国大学生广告设计大赛省级赛二等奖。该作品以女生三个不同角度的形象为主体，发丝刻画精细入微，以树叶、水泡为辅助元素进行设计，作品色调清新干净，体现出发丝的柔润顺滑、水感轻盈。

（a）

（b）

（c）

图 3–5–1 “100 年润发”广告设计作品

▲设计者：19 级视觉传达设计 王吉芸

指导教师：周祺芬

实践活动

模拟大赛

针对地方特色企业或者品牌展开广告设计模拟大赛。

具体要求：广告设计要具有独特的创意性和视觉表现力，作品尺寸为 A3 大小，分辨率为 300dpi。

呈现形式：思维导图、草图设计（3 幅）、广告设计作品（3 幅）。

参考文献

[1] 丁艳艳，王瑞春．广告心理学 [M]．北京：清华大学出版社，2016.

[2] 余庆华，齐华．当代广告学概论 [M]．北京：北京大学出版社，2015.

[3] 黄合水．广告心理学 [M]．厦门：厦门大学出版社，2017.

[4] 张建华．广告学概论 [M]．北京：机械工业出版社，2011.

[5] 丁俊杰．广告学概论 [M]．北京：高等教育出版社，2018.

[6] 成文胜．策划学概论新编 [M]．2 版．北京：中国广播影视出版社，2018.

[7] 余明阳，陈先红，薛可．广告策划创意学 [M]．4 版．上海：复旦大学出版社，2021.

[8] 孙丰国，黎青，刘芳．广告策划与创意 [M]．3 版．长沙：湖南大学出版社，2018.

[9] 黄升民，段晶晶．广告策划 [M]．3 版．北京：中国传媒大学出版社，2018.

[10] 陈莹．广告设计与策划 [M]．沈阳：辽宁美术出版社，2017.

[11] 秦崇伟．广告策划与创意 [M]．2 版．南京：南京大学出版社，2016.

[12] 邓诗元，张颢．广告创意与策划 [M]．北京：中国轻工业出版社，2017.

[13] 刘刚田，田园．广告策划与创意 [M]．2 版．北京：北京大学出版社，2019.

[14] 胡川妮，陈玎玎，戴秀珍．广告创意与表现 [M]．北京：高等教育出版社，2014.

[15] 徐文汉．广告设计 [M]．南京：河海大学出版社，2018.

[16] 袁小山，朱志平．广告设计 [M]．杭州：中国美术学院出版社，2019.

[17] 史磊．广告创意设计手册 [M]．北京：清华大学出版社，2020.

[18] 刘春雷．广告创意与设计：设计师必备广告策划手册 [M]．北京：化学工业出版社，2021.

[19] 黄志华．广告创意设计与鉴赏 [M]．长沙：湖南大学出版社，2021.

[20] 段大勇．设计师的广告创意设计色彩搭配手册 [M]．北京：清华大学出版社，2021.